U0661872

中学信息技术的行与思

温利英教师工作室活动研究纪实

温利英 / 主编

吉林文史出版社

图书在版编目（CIP）数据

中学信息技术的行与思：温利英教师工作室活动研
究纪实 / 温利英主编. — 长春：吉林文史出版社，
2020.4
ISBN 978-7-5472-6795-0

Ⅰ.①中… Ⅱ.①温… Ⅲ.①计算机课—教学研究—
中学 Ⅳ.①G633.672

中国版本图书馆CIP数据核字（2020）第047193号

中学信息技术的行与思——温利英教师工作室活动研究纪实
ZHONGXUE XINXIJISHU DE XING YU SI：WENLIYING JIAOSHI GONGZUOSHI HUODONG YANJIU JISHI

主　　编：温利英
责任编辑：程　明
封面设计：姜　龙
出版发行：吉林文史出版社有限责任公司
电　话：0431-81629369
地　址：长春市福祉大路5788号
邮　编：130117
网　址：www.jlws.com.cn
印　刷：北京虎彩文化传播有限公司
开　本：170mm×240mm　1/16
印　张：15.75　　　字　数：284千字
印　次：2022年6月第1版　2022年6月第1次印刷
书　号：ISBN 978-7-5472-6795-0
定　价：45.00元

编 委 会

顾　问：张远明

主　编：温利英

副主编：张远明　温鸿葵　张振彬

编　委：刘永财　潘龙春　黄镜波　张竞新　李　峰

何瑜萍　王紫苑　刘刃白　黄文杰　罗志华

肖爱明　赖放辉　黄慧文　范国波　潘永东

罗国标　陈　伟　刘志东　罗建泉　罗益平

罗佳慧

摄　影：黄文杰　肖爱明

　　精心课研起示范，脚踏实地出成果。"广东省温利英教师工作室"在2015年至2017年间，通过上示范课、专题"讲座"、经验交流、工作论坛、送教下乡等形式，使学员的专业水平得到提升，促进了省信息技术队伍的专业成长。课题研究成果《中学信息技术的行与思——温利英教师工作室活动研究纪实》也即将付梓，可喜可贺。

　　广东省温利英教师工作室的课题研究成果刚刚汇总出版，2018年12月广东省温利英名教师工作室又迎来开班，由"教师工作室"成为"名教师工作室"，这其中的变化与收获，说明作为工作室主持人的温利英老师以及她带领的团队，兢兢业业，不懈努力，并顺利圆满地完成了教师工作室的工作任务，在教师中反响良好，起到了榜样示范作用，得到了师生的一致肯定。

　　广东省温利英教师工作室以"研究的平台、成长的阶梯"为工作宗旨，在学员跟岗学习和团队课题研发期间，实现了各校、各科的共享、共赢、共进，达到跨界融合，充分发挥了各学科骨干教师的示范、引领、辐射作用，提升了教师的职业崇高感，推进了教师的专业化发展，在一定程度上宣传了兴宁一中的品牌，树立了兴宁一中优秀教师的良好形象，值得铭记。

　　蔡元培先生有言："教育乃兴邦之本。"教师是发展教育事业的主要力量，振兴教育的希望在于加强教师队伍建设，兴宁一中正在全面实施"名师工程"，致力于打造一支师德高尚、业务精湛、结构合理、充满活力的高素质专业化教师队伍，这是我们学校一直不变的追求。教师工作室可以说是特级教师、名师的"孵化器"，通过网络工作室成员的培养、送教帮扶、校际交流等形式，引领了一批青年教师和骨干教师健康快速成长，从而整体提升了学校现代教育技术水平，广东省温利英教师工作室的影响和成绩有目共睹。

　　《中学信息技术的行与思——温利英教师工作室活动研究纪实》全书有五

章，分别为"2015年广东省骨干教师跟岗简报日志""2016年广东省骨干教师跟岗简报日志""跟岗学习总结""学员论文选集"和"实例教学设计"，内容丰富，精彩纷呈，既是工作室的学习工作汇报，也是对新时代"跨界"教育教学的理论贡献。

教师工作室，是一种荣誉，一种责任，一种机遇，更是一种挑战。希望广东省温利英教师工作室成员今后能够不忘初心，与时俱进，再接再厉，砥砺前行，不断完善自我。

是为序。

兴宁市第一中学校长　张远明

2019年1月7日

目录

第一章

2015年广东省骨干教师跟岗简报日志

拉开帷幕，扬"室"起航 ······· 2

听课、评课、议课 ······· 6

主持人"讲座"、世界咖啡、篮球赛 ······· 8

幽默教学　收获颇深 ······· 12

终身学习　光采博纳 ······· 14

感受底蕴　传承美好 ······· 17

参观名校　吸取精华 ······· 20

汇报展示　研磨提升 ······· 24

课例展示　精彩纷呈 ······· 29

展示课案　课间体验 ······· 32

采撷经典　交流特色 ······· 36

博采众长　"瑛"室齐放 ······· 38

第二章

2016年广东省骨干教师跟岗简报日志

金秋十月　"瑛"室异彩 ······· 46

"瑛"室开讲　研磨探寻 ······· 51

"瑛"室学员　汇报研讨 ······· 54

"瑛"室课题　专家导航 ……………………………………… 59

"瑛"室课堂　内外缤纷 ……………………………………… 61

第三章
跟岗学习总结

全新体验　收获颇丰 ………………………………………… 68

聆听感悟，不断完善自我 …………………………………… 71

虚心让人进步，思想的碰撞让认识升华 …………………… 76

重新定位　受益匪浅 ………………………………………… 82

开阔眼界　满怀感激 ………………………………………… 85

名师引路　自我提升 ………………………………………… 88

第四章
学员论文选集

创新课堂教学 ………………………………………………… 94

　　信息技术教育教学模式创新研究 ………………………… 94

　　中学微课制作技巧探析 …………………………………… 97

　　创设新颖的主题教学　打造信息技术高效课堂 ………… 100

　　小组合作学习在初中信息技术课堂的研究 ……………… 107

　　虚拟仿真实验在高中化学实验教学中的应用 …………… 112

　　信息技术游戏化教学促进高中学生创新能力研究 ……… 117

德育素质培养 ………………………………………………… 121

　　春风化雨，润物无声 ……………………………………… 121

　　中学信息技术课堂教学行与思 …………………………… 127

　　高中信息技术学生差异性教学策略研究 ………………… 131

论高中生信息素质的培养 ·························· 136

以信息技术提高学生心理健康水平 ·················· 140

浅谈如何培养高中生信息素养 ······················ 144

职高生信息技术素养的培养 ························ 147

教学方法研究 ··· 151

探究式教学方法在中学信息技术教学中的应用 ·········· 151

TPACK框架对信息技术教师的启示 ·················· 159

网页教学视频资源下载的方法和技巧 ·················· 167

信息技术教学中的"自主探究" ······················ 177

生活化教学在信息技术教学中的应用 ·················· 181

微课在高中信息技术教学上的应用 ·················· 183

初中信息技术高效课堂的研究 ······················ 187

第五章

实例教学设计

《用电子表格实现自动计算——Excel函数的应用》教学设计 ········· 192

《"会声会影"电影片段制作入门》教学设计 ·············· 197

《Scratch积木式编程入门》教学设计 ·················· 202

《奇妙的图层》教学设计 ····························· 205

《表格信息的加工与表达（图表）》教学设计 ·············· 212

《图像加工——Photoshop入门之简单构图调整》教学设计 ········· 216

《利用Power Point进行多媒体作品的合成与发布》教学设计 ········· 227

第 一 章

2015年广东省骨干教师
跟岗简报日志

1

拉开帷幕，扬"室"起航

——广东省温利英教师工作室顺利揭牌

（第1天日志）

2016年6月13日，兴宁市第一中学广东省温利英教师工作室顺利揭牌。

上午10点，广东省温利英教师工作室揭牌暨开班仪式在学校行政楼二楼会议室准时召开。出席今天揭幕仪式的领导有：广东省第二师范学院计算机系主任周如旗教授，广东省第二师范学院广东省骨干教师班主任王增海，兴宁市教育局局长罗丽思，兴宁市教育局副局长陈春红，兴宁市教育局教研室主任叶达华，兴宁市教师进修学校校长石雄辉，兴宁市第一中学校长张远明，兴宁市第一中学副校长张竞新，兴宁市齐昌小学校长罗君平，兴宁市宁中中心小学校长傅国彬等。兴宁市第一中学副校长温鸿葵主持了仪式。

图1　广东省温利英教师工作室揭牌暨开班仪式

张远明校长致欢迎辞。他表示，学校领导和各职能部门将切实落实"教师工作室"工作开展的各项保障措施，提升工作室建设水平。并希望温利英教师工作室能认真进行学科研究，努力提高工作室的工作质量，增进工作室的发展活力，充分发挥各学科骨干教师的示范、引领、辐射作用，提升教师的职业崇高感，切实推进教师的专业化发展，实现让"骨干教师成名""名教师成家"的双目标。

周如旗教授做了热情洋溢的发言。周如旗教授高度赞扬了兴宁一中取得的成绩，认为兴宁一中是百年名校，具有深厚的历史文化积淀，同时又焕发着极强的时代气息、充满年轻的活力，有深刻的创新精神。他要求各位学员能够充分利用好这次难得的学习机会，深入探讨兴宁一中的人文精神，深刻学习信息技术的学科知识，提升自己并起到带头及辐射作用。

兴宁市教育局局长罗丽思做了重要讲话，要求名师工作室以"研究的平台、成长的阶梯"为工作宗旨，充分发挥各学科骨干教师的示范、引领、辐射作用，提升教师的职业崇高感，切实推进教师的专业化发展。并以此为载体，在温利英老师的引领下，加快培养一批师德高尚、业务精湛、结构合理、充满活力的高素质专业化教师队伍，为推进我市乃至全省信息教育事业又好又快发展提供强有力的人才支撑。同时提出三个希望：第一，希望各级领导、专家、学校各部门要一如既往地支持兴宁一中的发展，关心支持工作室建设，关心学员的成长；第二，希望工作室主持人温利英老师能积极主动有创造性地工作，切实提高工作室的质量，充分发挥示范、引领、辐射作用；第三，希望各学员以工作室为家，经过工作室的锻打，快速成长为参天大树，为我省的信息技术教学工作作出更大贡献。

最后，工作室主持人温利英老师做了表态性发言。她表示要加强自身建设，通过言传身教带动成员提升道德修养和学识水平，增强大家的职业认同感和荣誉感；同时，要制订学员专业成长计划，通过工作研讨，备课、观摩，教学案例研讨、课题研究及巡回"讲座"等形式，促进学员的专业提升；带领大家开展课题研究，在规定的时间内，完成骨干教师省级培训委托的课题研究，写出有较高质量的研究报告、专业论文或专业著作；还要发挥名教师的示范和辐射作用，通过上示范课、专题"讲座"、经验交流、工作论坛等形式，促进省信息技术队伍的专业成长。

随后，罗局长、张校长等领导为广东省温利英工作室成员颁发了聘用证书。

图2　有关领导在广东省温利英教师工作室揭牌暨开班仪式上颁发成员聘书

兴宁一中广州校友会执行会长王子钰代表74届校友王军，兴宁市美术协会副会长、本校美术老师罗远娟，兴宁籍旅居广州的画家李名辉先生等，分别进行了字画的捐赠仪式。

图3　广州校友会执行会长代表校友赠字画给温利英工作室

图4　旅粤画家李名辉赠字画给主持人温利英

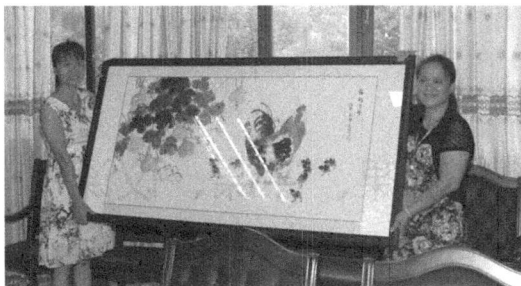

图5 兴宁美协副会长、学校美术老师罗远娟给温利英主持人赠字画

10点30分，工作室牌匾在和乐的氛围里和热烈的掌声中，在周如旗、王增海教授，罗丽思局长，陈春红副局长，张远明校长的主持下，被徐徐揭开了帷幕。至此，"广东省温利英教师工作室揭牌暨开班仪式"顺利完成。

图6 广东省温利英教师工作室揭牌暨开班仪式

会议结束后，全体老师到行政办公楼前合影留念。

图7 全体老师在行政办公楼前合影留念

广东省温利英教师工作室

2016 年 6 月 13 日

听课、评课、议课
——广东省温利英教师工作室开班

（第2天日志）

今天（2016年6月14日）雨潇潇，迎来了广东省温利英教师工作室开班的第2天，我们兴宁一中三位教师进行授课，每堂课后均进行听课、评课、议课，省级骨干们讨论热烈、气氛友好，提出了很多有建设性的意见和建议，他们的理念先进、技术高超、意识超前让我们有很深的体会和触动，他们毫不保留地将自己的特色教育、竞赛培训等想法介绍给大家，他们的到来将使我们山区的老师和同学们受益匪浅。

虽然今天上午状况多多，怪事连连，如网络突然中断、麦克风不出声或沙沙响、机房里的服务器突然开不了等，但我们工作室团队成员认真处理，减轻状况，保证上课正常进行。

今天上午第一节课，罗志华老师讲授《Flash运动动画》，第3节课温利英老师讲授《多媒体作品集成发布与评价》，下午刘刃白老师讲授《体验Excel精

图1　罗志华老师评课

华函数的运用》，虽不是尽善尽美，但亦是各有特色、绘声绘色，得到了广东省骨干教师的好评，还得到了他们中肯的建议，这将使我们今后的教学工作更上一层楼。

图2　温利英老师授课

图3　刘刃白老师授课

广东省温利英教师工作室

2016 年 6 月 14 日

主持人"讲座"、世界咖啡、篮球赛
——广东省温利英教师工作室省级跟岗培训

（第3天日志）

今天（2016年6月15日）迎来了我的工作室省级跟岗培训的第3天，因为今天是主持人我的专题"讲座""中学信息技术骨干教师专业发展研究"和我主持的"世界咖啡——中学信息技术骨干教师成长关键问题探究"，昨天为充分备课和再熟悉课题，加上昨晚电脑、网络不给力，死机4次，直至凌晨3点才全线结束。今天7点多到了学校，由于电脑和投影问题，一直到开课前才借到骨干学员的电脑，正常上课。

上午8：40我的专题"讲座""中学信息技术骨干教师专业发展研究"顺利开课，前来听课的除了16位省级骨干教师外，还有十多位兴宁市骨干教师和我校的各科老师。我主要讲了三点：一是立德树人，技高为师；二是教学教研，理念引领；三是课题研究，收获成效。从老师们的反映来看，感觉大家还是非常满意的，甚感欣慰，觉得昨晚再苦再累都是值得的。"讲座"后我与学员们合影留念。

图1 学员们合影留念

随后我主持"世界咖啡——中学信息技术骨干教师成长关键问题探究"深度会谈。我们分成两大桌，分别选出桌长，让老师们就提出的问题进行讨论，得出结论。老师们品着咖啡、吃着中山叶志师老师带来的特产，谈得特别深入，店员很努力，店长很卖力地推销，都有收获，得出了我们骨干教师成长的关键问题并派代表做汇报，两组的成果都令大家赞叹不已，获得了大家的阵阵掌声。

下午放学后，我组织我们的跟岗学员和兴宁一中的行政领导进行了一场篮球友谊赛，比赛激烈，最后兴宁一中行政队赢得了比赛。我们跟岗学员队虽败犹荣，队员们团结合作、努力拼搏的精神还是赢得了兴宁一中师生的称赞。最后球员、啦啦队员们合影留念。

图2　球员、啦啦队员们合影留念

附：省骨干学员中山东凤中学叶志师老师日志

导师引领，收获满满

今天是跟岗学习的第3天，我们的学习也是收获满满的。

上午，我们聆听了省教师工作室主持人温利英老师给全体学员和兴宁一中部分骨干教师做的专题"讲座""中学信息技术骨干教师专业发展研究"，温老师从三个方面进行了解读。

一、立德树人，技高为师

温老师指出"名师"的特征具有相对性、示范性、时代性和教育情怀，明确了教师工作室的职责和任务包括培养骨干教师、开展课题研究、开发和整合优质资源、推广教育成果等，告诫大家，"德高为范，学高为师"是教师的立身从业之本。

二、教学教研，理念引领

温老师从以下方面进行了阐述：

1. 倡导教学"四不如"

会教不如会学，好教不如好学，师动不如生动，师忙不如生忙。

2. 实施教学"八策略"

面向全体，激发兴趣，夯实基础，重视实践，合理补垫，培优补弱，规范习惯，指导学法。

3. 强调教学要"五多"

提出问题多考究，考虑问题多角度，剖析问题多层次，讲授问题多探究，解决问题多思路。

4. 提出课堂要"三少"

很简单的问题少提，学生能看懂的少讲，无意义的闲话少讲。

5. 讲究备课讲课"八要求"

更新理念事半功倍，备课充分熟能生巧，设计科学符合逻辑，学生预习详略有度，语言精练言而有效，例题精选举一反三，步骤简明一目了然，师生互动激活课堂。

三、课题研究，收获成效

温老师主要对课题研究的活动设计进行了阐述，包括确定课题—开题报告—阶段汇报—结题报告—成果展示—成长论坛，使我们明确了课题研究的一般步骤和注意事项，我收获很大。

听完专题"讲座"后，温老师马上组织我们转入研讨活动"世界咖啡——中学信息技术骨干教师成长关键问题探究"，我们分成两大桌，大家围绕桌子坐好，分别选出"桌长"和记录人。然后大家围绕信息技术教师专业成长的话题各抒己见，并将自己的观点写在桌面的白纸上，集中讨论，形成本桌的意见。最后"桌长"代表本桌成员发表观点，其他成员可以补充。"世界咖啡"这种形式我是第一次听说，这种形式能将大家的观点进行碰撞，擦出思想的火花。

下午，我们跟岗学员代表余宇宙老师开设了一场专题操作学习"ITtools的安装与应用"，余老师向大家演示了ITtools的用法，让我们这些还没用到该工具的学员收获不少，纷纷表示回到所在学校后也要推广使用ITtools。

下午放学后，温老师组织我们跟岗学员和兴宁一中的行政领导进行了一场篮球赛。经过激烈的比赛，最终兴宁一中行政队以多出12分的绝对优势赢得了比赛。虽然我们跟岗学员队没有胜出，但队员们团结合作、努力拼搏的精神还是赢得了兴宁一中师生的称赞。

一天的学习生活结束了，我们的感觉是在导师温利英的引领下过得很充实，也很快乐。我们不仅学习到了很多东西，而且增进了与兴宁一中师生的感情，大家相处十分融洽。

广东省温利英教师工作室

2016 年 6 月 16 日

幽默教学　收获颇深

——广东省温利英教师工作室省级跟岗培训

（第4天日志）

2016年6月16日是工作室开班的第4天，阳光普照之间突然大雨直下。

但今天的课程安排同样是满当当。

上午第二节课，工作室成员和学员听了省骨干教师佛山三水区实验中学董泽明老师的《多媒体信息的加工与表达》公开课，董泽明老师以兴宁一中的照片、视频为导入，让学生在短短一节课时间内，学会了制作兴宁一中的宣传短片，收到了很好的效果。

上午第三节课，兴宁一中黄文杰老师给大家上了《色彩的调整》公开课，黄文杰老师幽默的语言充分调动了学生的积极性，他从调整照片的明暗度、对比度入手，深入浅出地讲解了色阶的基本概念和基本操作，使学生既掌握了处理图片的技能，又获得了美的感受。

图1　黄文杰老师授课

随后大家对董老师、黄老师的公开课进行了评课、议课，大家对他们两位的课评价很高，认为他们的课不仅使学生掌握了视频制作、照片后期处理的技能，还充分调动了学生的创作热情，提高了学生的信息素养、提升了美感和审美能力。

下午是省骨干教师韶关市第九中学潘高峰老师的《制作可爱的水果娃娃——奇妙的图层》公开课，并进行了评课议课。潘老师的微课发挥了淋漓尽致的作用，他以幽默的语言、有趣的例子，让学生们兴趣盎然，热情高涨，同样的素材，制作出千姿百态的"水果娃娃"图像。

图2 潘高峰老师授课

放学后，省骨干教师梅州班班长余宇宙（清远市华侨中学）老师给其他省骨干学员以及兴宁一中学生电脑俱乐部成员做了精彩的"虚拟机器人软件""讲座"，最后潘高峰老师还用微课为电脑俱乐部成员讲授了"水果娃娃"的制作，收到了良好的效果，俱乐部成员学得津津有味，作品有模有样、形态各异。

工作室学员们纷纷表示，经过这几天的学习，收获很大，很受启发，对自己以后的工作、学习有很大的帮助，大有"相见恨晚""不虚此行"之感。

广东省温利英教师工作室

2016 年 6 月 17 日

终身学习　光采博纳

——广东省温利英工作室广东省骨干教师省级跟岗学习

（第5天日志）

2016年6月17日星期五，广东省温利英工作室开班第五天。天气是晴转雷阵雨，伴有闪电。

上午，著名的兰州大学教授、教育部特聘英特尔教育、乐高教育专家——丁立教授，不远万里来到我们兴宁一中电教楼教职工会议室，为广东省温利英教师工作室的省骨干学员和本地骨干做"讲座"，为工作室学员们做了精彩讲演。我们虽然发了信息给好多老师，但能主动把握这个学习机会的只有4位本校老师和5位外校学员，可惜了这么好的学习机会。丁立教授是我5月份去广州学习信息技术能力提升工程校/园长班时的"讲座"教授，大家都非常喜欢他。几经邀请，丁立教授不辞辛苦地专门绕道来我们这山里授课的，令人感动。他的课不仅对信息技术老师启迪很大，对其他各科老师的帮助效果也很明显。丁立教授给我们全体学员进行了一场精彩的"讲座"，题目是"信息技术助力教与学"。丁立教授从信息技术教育的现状谈起，以其深厚的理论基础和经验，利用手中的手机，不断地用游戏的形式让我们没有一分钟的冷场。其幽默风趣的语言风格，深入浅出的讲解，加上掌控自如的讲学节奏，深深地吸引我们参与其中，乐学其中。一个上午的"讲座"令我们获益良多，深刻地从自身专业反思如何利用技术助力教学，如何把手机技术恰当地运用到教学课堂中。同时，也对我们提出深切的期望，希望我们好好定位自己，反思自己，如何利用信息技术的专业优势让自己更好地发展。

下午14：20雷电交加，广东省骨干教师跟岗学员及工作室成员在主持人温利英老师的带领下，风雨无阻地前往我市实验学校进行考察学习，一行20余人在实验学校刘副校长、刘静主任、潘永东老师等的盛情接待下参观了校园风貌，聆听学习了学校教育教学、校园文化创建方面的成功经验。我切实感受到了学校先进的办学理念、浓厚的校园文化及丰硕的办学成果。学校是教书育人的场所，优美规范的校园环境无疑对学生有着潜移默化的影响。老子曾说："天下大事，必做于细。"学校校园环境优美，建筑设计布局合理，校园文化氛围浓厚。名人画像、雕塑、格言警句随处可见，学校荣誉、学生的绘画作品、书法作品、陈列琳琅满目，非常吸引参观者的眼球。这些细微之处体现着教育者为学生才能的发挥尽心尽力地提供广阔舞台。

15：10，在刘静主任及带队老师的引领下前往实验学校计算机室聆听潘永东老师的精彩课程《Photoshop图层的应用》。课堂内外师生走路时脚步轻轻，进出计算机室井然有序等行为细节体现了平时对学生养成教育的做法常抓不懈。这些做法对我们都是有益的启发和借鉴，他们从"大处着眼，小处着手"，在细节上较真，体现出一种高境界教育理念。课堂上潘老师思路清晰、语言流畅、安排合理、效果良好，给我的感受是备课充分、讲解精辟、重点突出、善于调动学生积极性。处理好智能培养与情感教育的关系，着眼于全面素质的落实，提高课堂教学效率的出路，从某种意义上来说就在于真正发挥学生的主观能动性。因为学生在课堂上除了接受知识，还带着自身的情感、动机、需要等一并投入了课堂，无不体现着他们是一个个活生生的个体。在课堂上，他们除了与教师交往以外，还有与同伴之间的相互交往。

16：00，大家在计算机室进行了评课、议课，这是一场精彩的设计及讲课，正如上面所说。

转眼间，短短的一个下午时间就过去了，时光虽短暂而受益匪浅，此次考察学习是一次难忘的学习经历。不论是听领导校园介绍、互动交流，还是听课、参观，对我来说都是一次宝贵的学习机会，使我的认识水平上了一个档次！让我认识到，作为一名教师，树立终身学习的意识，广采博纳，在反思中调整自己，在调整中提高自己，努力实践新的教育理念，努力实施素质教育是促使自身提高发展的根本方法！在今后的工作中，我会更加努力地充实自己，不断改进自己的工作方法，力争使自己的工作更上一层楼。（李峰老师特别供稿）

图1 广东省骨干教师跟岗学员及工作室成员合影

广东省温利英教师工作室

2016 年 6 月 19 日

感受底蕴　传承美好

——广东省温利英工作室广东省骨干教师省级跟岗学习

（第6天日志）

2016年6月18日周六早上，我们的学员或待在酒店紧张地准备开题报告，做PPT，或到学校打印忙得不亦乐乎。下午两点半，在温利英老师的主持下，在二师邬依林主任和王增海老师指导下，我们总共15位学员轮流上台做开题报告，邬依林教授、王增海教授、温利英老师分别给每位学员进行点评并提出中肯的改进建议。

董泽明老师是第二个上台做报告的，他感觉他的课题得到了邬依林主任的悉心指导，尤其是给了他两个非常好的建议，一是善用移动平台进行协助学习交流，二是在机制方面不断完善，争取更好地实现研究应用。邬依林主任的建议令他茅塞顿开，思路一下打开了，也非常清晰地知道自己的研究方向该往哪走了。然后王老师和温老师也相继给了些中肯的意见和建议，两位教授都不愧是专家名师，提出的建议非常有针对性和实用性，给学员的课题做了非常好的补充提点。整个开题报告一直持续到六点半，经过专家的指导及温老师的建

图1　王增海教授讲开题报告规则

议，大家都学习到了如何严谨、科学、有效地开展课题研究，直接为接下来的课题研究打下坚实的基础。（三水董泽明老师提供）

图2　工作室主持人温利英老师点评

跟岗学员开题报告后，举行了赠送字画给两位教授的仪式。最后与会人员合影留念。

图3　合影留念

开题报告后，学员和两位教授一同参观工作室，浏览校园，感受了百年老校的底蕴、美好传承、美丽校园。

晚上8点多，在温利英老师的带领下，邬依林主任、王增海主任和几位学员一起夜探客家围龙屋，首先到了永和永先村甘泉乡温屋，参观围龙屋，村民们列队欢迎，带领大家参观有400多年历史的老祖屋正门的上中下厅并做讲解，然后带领大家察看并围观了围屋的泥土砖墙面以及围龙屋里面的"花头脑"，大家对客家祖先的围龙屋构造及土砖墙的耐用度甚为赞叹，感觉不可思议。

在回程的路上到洋里村何瑜萍老师家小坐，感受了客家型的农村"别墅"并参观了菜园子。

图4　参观主持人温利英老师家祖屋（围龙屋）

广东省温利英教师工作室

2016 年 6 月 20 日

参观名校　吸取精华

——广东省温利英教师工作室广东省骨干教师省级跟岗学习

（第7天日志）

　　2016年6月19日星期日，广东省温利英工作室开班第七天。是日清晨，蔚蓝的天空被雨水冲洗后一尘不染，空气是那么清新，像被滤过似的，东方一片一片的红霞。广东省温利英教师工作室的专家教授和省骨干学员的首个行程是来到工作室主持人温利英老师的小学母校永和一小门口观望，温老师说学校的面貌、名字均焕然一新了。

　　随后，一行人到了温利英老师的初中母校永和中学。永和中学副校长黄建新陪同我们的专家教授及省骨干成员参观了优美的公园式校园并进行座谈，座谈中，黄校长介绍了学校校史、发展变化和教育教学成绩，接着广东第二师范学院计算机科学系主任邹依林博士教授做了发言，发言中对永和中学校园环境文化建设、先进的教育教学设施及显著的教育教学成绩给予高度肯定，省骨干学员们也赞不绝口。最后专家教授及所有省骨干学员在永和中学拍照留念。

图1　老教学楼前留影

　　烈日高照，也阻挡不了专家教授和学员们的下一个行程。首先到梅州籍省骨干学员何震老师执教的学校、叶帅创办的名校——梅县东山中学，踏进校园，专家教授和学员们在绿树成荫的校园里，感受到了东山中学文化底蕴的深厚和历史的悠久；也感受到了这所学校果真是人杰地灵、英才辈出的摇篮。

图2　东中老校门前留影

图3　东中新校区留影

　　随后何老师带我们去参观东山书院，受到了东山书院美丽、温文尔雅的李院长的热情、高级别的接待，同时见到了《梅州日报》记者刘老师，刘老师做了简短的讲话。李院长为我们详细讲解介绍了东山书院的由来，以及门前状元、榜眼、探花三棵木棉树的由来及传奇，最后李院长带我们谨拜孔子像，详细讲解东中学子、读书人为何每年要谨拜魁星（第三层是魁星阁，安放着镀金的魁星全身雕像。魁星如真人般大小，右手握朱笔上举，左手拿金锤下敲，怒目蹬腿，大有挥笔定论、一锤定音之势），相貌丑陋、身残志坚的魁星，告诉大家要如何做人，激励大家要顽强拼搏，报效国家。李院长还亲自给我们拍照，甚为感动。

下午5：20，专家教授和学员们还马不停蹄地参观了院士广场、客天下等沿途风景，恰逢客天下搞"赴圩节"活动，全场免费参观。一路上，专家教授和学员们兴致勃勃地时而驻足观看，时而聆听聊评，时而拍照留影。大家都看得认真，听得仔细，聊得起劲。与往日在课堂听讲、授课和评论相比又有另一番的情致和别有的收获，大家对客家文化有了更深一层的了解，解除了他们对围龙屋的神秘感，更增添了一份神圣感，他们都感叹客家文化的底蕴深厚、客家人的纯朴、善良、勤劳、热情。

整日学习行程，时间紧，烈日炎，路途远。但丝毫没有影响专家教授和学员们的激情，大家精神饱满，兴致盎然，都感受到了浓浓的客家人的精神文化史和教育发展史，都说身体虽累但心情愉悦，收获颇丰，值得！

东山书院是梅州古老的书院之一，由王者辅在清乾隆十一年（1746年）创建，已漫越了270个春秋。东山书院为"三进二横"的建筑结构，其前吸周溪水之清新，后袭东山岌之灵秀，邻傍状元桥之重彩。乾隆年间，梅州梅城境内共建有九间书院，城中有四，即培风书院、东山书院、崇实书院和周溪书院。如今梅州市区仅存东山书院。从古老的书院到现在的东山中学，一脉相承，是梅州教育发展史的一个缩影。

1913年，"既是精英桃李，又为创校勋贤"的叶剑英元帅，率一批有志青年，参与创立了梅州东山中学，由此揭开了古旧书院新的华彩乐章。一批批国家栋梁从古书院中走出，其中有运筹帷幄，为民族独立、民族复兴做出突出贡献的叶剑英元帅；有骁勇善战的萧向荣将军；有全国政协副主席叶选平、省委原书记林若、曾毅院士、曾宪梓博士等众多英才，更有为冲决历史桎梏、挽救国家危亡、振兴民族而壮烈牺牲的东山英烈。代代青年才俊、爱国志士从书院中走出，成为遍布海内外的东山校友，他们在各条战线上的频传捷报，更生动、深刻地延续着书院的辉煌。

书院门前有三株苍劲挺拔的木棉树，门左一株，门右两株，甚是奇特。院长李月云指着树腰的记录牌说，这三棵树均栽种于清光绪十一年（1885年），迄今130多年的历史。在我国古代，"三"是最大的吉数。三者为多，道生一，一生二，二生三，三生万物，生生不息。木棉预示自然界繁华昌盛的景象，书院生生不息就是代表文运昌隆，学生不断，因此，木棉得种三株。

关于这三株古老的木棉，当地还流传着一个略带玄幻的传说。据称，书院建成后，许久未出过状元。书院山长便去请教风水大师，风水大师实地考察后指出，书院内"魁星阁"建得太高，楼高九丈，手可摘星辰，但不接地气，要种下三炷大香。因此，门前这三株木棉树就代表了三炷大香。传说无论真假，足见当地人有多希望能尽早培养出状元等杰出人才。

细看这三株木棉，确有奇特之处。虽然树种于同年同月，但木棉树一株比一株大，左边一棵最大，中间次之，右边最小。当地人按树的大小称之为"状元""榜眼""探花"。也有人说，"状元"单独一边，营养好，故而长得更加粗壮茂盛。另两株相隔仅1.38米，长得也不尽相同，"探花"最小，这真乃"只可意会不可言传"。听说木棉花开，一朵红花代表一个功名，花开多少中举就有多少，如果花开满树就预示着许多学子会取得功名。所以当地人对这三株树都爱护有加。

广东省温利英教师工作室

2016 年 6 月 21 日

汇报展示　研磨提升

——广东省温利英教师工作室"樱"展飘香

（第8~9天日志）

广东省温利英教师工作室开班进入第二周，按计划本周一、周二是我们学员成果汇报展示，研磨评价，提升自我阶段。

2016年6月20日，省级学员中山市东凤中学叶志师老师为我们上了第一堂汇报展示课，课题是《利用数据源进行邮件合并》。他从生活中处理邮件合并常碰到的问题入手，生动具体地为我们的高一年级上课学生分析了原因，并讲解了解决问题的技巧及运用数据源进行邮件合并的方法。叶老师的汇报课结构巧妙（录制了微课进行辅助学习指导）、思路清晰流畅，对重点、难点还做了特别的强调和补充。一堂课下来，不管学生原来有没有基础的，均能豁然开朗，并能充分掌握邮件合并的知识。

图1　叶志师老师授课

第二节汇报课是省级学员阳江两阳中学冯英畅老师的《初识Scratch》。冯老师带着他特有的优美的声音进行授课，让学生从不认识Scratch软件到了解

Scratch界面、并掌握Scratch的使用甚至编写程序，循循善诱，激发学生对新软件的学习兴趣，令学生初识了编程，并能很好地完成固定要求的程序编写。冯老师的课内容新颖，课堂气氛活跃，收到了良好的效果。

图2　冯英畅老师授课

接着省级学员河源龙川田家炳中学的刘春林老师上了第三堂汇报课，课题是《Word 2007表格制作》。他从认识表格、创建表格、合并表格和调整表格等方面，让学生了解了如何利用Word 2007制作各种实用的表格。他讲课内容实用，讲课生动翔实，学生完成了任务、效果较好。

图3　刘春林老师授课

20日下午2点30分，大家对上午的汇报展示进行一一研讨点评。大家畅所欲言，纷纷发表自己的见解。不同地区学员的课堂，展现出不同的魅力，很多地方值得我们好好学习、借鉴。同时，工作室主持人温利英老师，给每位授课学员提出了中肯的意见、建议并期待与每位学员一起提升自我。

2016年6月21日，是省级学员跟岗学习第九天，今天有4位学员进行了汇报展示。

第一节是省级学员鹤山市纪元中学的易群少老师的展示课《Flash相片加工》，她教会高二学生利用Wonder Share Flash Gallery Factory软件制作精美的电子相册。大家都认为她上课示范操作规范有条理，重点、难点讲解清楚，教学思路清晰，学生兴趣浓厚，教学效果突出。

图4　易群少老师授课

第二节是省级惠州市大亚湾第一中学的曾粤昆老师上的课，课题是《PPT版面设计》，他在课堂上教给高一年级上课学生设计版面的距离之美、对称之美和图形之美，培养了学生的审美能力。

图5　曾粤昆老师授课

　　第三节是省级学员梅江区梅州中学的梁爱梅老师的展示课《利用图表呈现分析结果》，她在课堂上对Excel图表的特点、用途等讲解非常清楚，不单单教会学生绘制图表，还让学生理解相应图表的用途，间接地培养了学生的分析能力。在评课阶段，大家都对梁老师课堂上言行举止的优雅、淡定以及专业知识讲解的准确度赞不绝口，同时都被她深厚的课堂教学功底所折服。另外，梁老师在作品展示、点评阶段有创新之处：她让学生来点评本班同学的作品，而非老师自己去点评，这样更能培养学生发现问题的能力。

图6　梁爱梅老师授课

　　第四节是省级学员罗定市第一中学的陈钰怡老师的展示课《查找数据——Vlookup函数》，她让学生利用Excel的Vlookup函数查找电话号码簿里的姓名和电话号码，教会学生Vlookup函数参数的设置。在评课阶段，大家一致认为她在课堂上将相对引用和绝对引用讲得很清楚，让学生有茅塞顿开的感觉。

图7　陈钰怡老师授课

　　紧张的展示课之后，大家进行了气氛热烈的评课、议课活动，对授课教师及听课教师来说，评课、议课环节后各自都感觉到信息技术素养及能力均得到大幅度的提升。

　　两天紧张有序的汇报展示、研磨讨论、提升自我中，学员们不忘自我放松的机会，第二日下午放学后，我们省骨干学员和来自广州市天河区的驻村干部组成联队，迎战兴宁一中篮球队。经过激烈的比赛，最终兴宁一中篮球队取得了比赛的胜利，但我们学员赢得了愉悦的心情和真挚的感情。

图8　篮球比赛

广东省温利英教师工作室

2016 年 6 月 23 日

课例展示　精彩纷呈

——广东省温利英教师工作室"樱"奇斗艳

（第10天日志）

2016年6月22日，我们工作室继续进行课例展示汇报。

今天第三节课，张胜群老师为我们展示了《图像的局部处理》的课例。张老师利用多个小任务，分别向学生介绍了选框工具、套索工具、魔棒工具，让学生掌握了图像处理的基本知识。

图1　张胜群老师授课

上午第五节课，班长余宇宙老师向高一学生介绍了Scratch软件的基本知识。余老师使用了三个由浅入深、生动有趣的例子，详细具体的语言使学生很快就完成了任务：先让小猫"动起来"，再"猫我掌控"，然后是"猫走迷宫"。最后他让学生代表进行了实物遥控，操作小猫走迷宫，让课堂气氛达到了高潮。

图2　余宇宙老师授课

下午第一节课，陈小鲁老师为我们展示《用电子表格实现自动计算——Excel函数的应用》课例公开课。陈老师的公开课是一堂非常成功的公开课，他不仅展示了数学老师的算术运算能力，还把算术运算和计算机自动计算很好地融合在一起，他的课深入浅出，结构完美，学生完成任务效果良好。

图3　陈小鲁老师授课

课后，大家对今天的课进行了评课议课，大家都觉得今天的课例展示公开课可谓精彩纷呈。他们都有扎实的专业知识、深厚的教学基本功和娴熟驾驭课堂的能力，且又各有亮点。如，张老师教学语言精准，教学设计科学合理，让学生经历直观感知、操作实训等一系列学习过程，学生学得自然认真；余老师的教学语言幽默诙谐，教学设计新颖，特别是机械模块，把硬件和软件有机地结合起来，使课堂气氛达到了高潮；陈老师仪态端庄大方，语言富有激情活力，教学设计层次清晰，环环相扣。

今天我们学员在紧张学习里，又增添了浪漫温馨的一笔。放学后，工作室主持人温利英带学员到兴宁一中教工俱乐部参观，并在"水上乐园"旁边的室外健身场地休闲、锻炼、强身。

随后陪省骨干学员到兴宁一中饭堂就餐，虽说不上珍馐佳肴，但也可口愉悦，有学生陪伴、有欢声笑语。

图4　饭堂就餐

饭后漫步细赏校园，不觉已到莲池园，"莲叶何田田。鱼戏莲叶间。"此时，主持人温利英老师面对学员们说："你们站在这，真可谓'接天莲叶无穷碧，映日荷花别样红'。"

图5　接天莲叶无穷碧，映日荷花别样红

广东省温利英教师工作室

2016 年 6 月 24 日

展示课案　课间体验

——广东省温利英教师工作室"樱"展缤纷

（第11天日志）

2016年6月23日，我们工作室继续展示课案，研讨点评。

第一位展示的是来自湛江市第十七中学的詹宋强老师，课题是《Scratch编程入门》。这堂课是有关机器人编程的课程。詹老师用游戏引入，调动了学生浓厚的兴趣。他先让学生认识了Scratch，再让学生认真观察Scratch游戏，并让学生说出这个游戏的思路，从而帮助学生学会分析编程的过程。他讲课深入浅出，全面具体地解析了Scratch入门知识，如在界面、舞台设置、角色创建、思维引导、脚本选择等方面都做了详细的讲解和演示，让完全没有编程基础的同学都能初步掌握Scratch。在阐析演示中，我们感受到了詹老师深厚的教学基本功和对Scratch软件的深刻理解。

图1　詹宋强老师授课

第二节是梅州市梅县东山中学何震老师的《表格信息的加工表达——函数的应用》，这是我们学员的收官汇报课，大家早早地等在电脑室里，期盼着目睹名校教师的风采。授课中，何老师通过对函数的定义及求和、求平均数、求名次等函数参数设置，为我们上了一节极具有个人风格的汇报课。他上课仪态自然淡定，语言表达精准，操作步骤层次分明且流畅，思维缜密灵活，过渡自然。课中还给学生消化吸收和巡查辅导反思时间，巡查中关注大部分学生，这一点做得很到位，得到听课学员的一致称赞。

图2　何震老师授课

在展示课案、研讨提升中，学员冯英畅、詹宋强还利用第八课时一起为电脑俱乐部成员上了一节专题"讲座""边玩边学——Scratch积木式在线编程"，两位学员的专题"讲座"吸引了俱乐部爱好者们浓厚的兴趣，俱乐部成员早早地就在多媒体教室等候着。两位学员采用了Scratch在线编程，一个在台上，一个在台下，一个解释一个演示，精练的语言，娴熟的操作，学生听得入神，看得清晰。学生们都很快学会了当老师不在身边时一样可以学习，在线学习的方法。这堂讲座达到了"授人以鱼，不如授人以渔"的效果，得到俱乐部成员的一致赞赏。

图3　专题讲座授课

　　这一天，学员们还不忘亲身感受兴宁一中的课间生活。迎着晨曦来到操场与学生一起做早操、晨跑。晨操时，我们学员见到了张校长等领导和班主任，互问好后便不打扰。他们与学生并肩齐操，构成一道亮丽的风景。

图4　晨跑

　　课间操时间，骨干学员们一起参观校园并合影留念。

图5　电教楼门前合影

图6　行政办公大楼前留影

　　留影后，我们骨干教师走进高一年级班级，与学生一起唱课间一歌。吟唱中，我们学员感受到了学生青春焕发、拼搏向上的劲头。

　　一中名校，名校一中，师生与众不同。

广东省温利英教师工作室

2016 年 6 月 25 日

采撷经典　交流特色

——广东省温利英教师工作室"樱"飞送教

（第12天日志）

2016年6月24日，按计划是我们学员在工作室学习的最后一天。

上午9点，我们又到了兴宁学生人数最多的沐彬中学。沐彬是一所高中，但又有初中部。沐彬钟校长和李宇生主任、信息技术组长罗国标及信息技术教师

图1　座谈

图2　合影

带领我们参观沐彬中学并进行了座谈，李宇生主任做了有关沐彬的介绍等。之后，我们学员与计算机信息科老师交流计算机信息运用情况，在现场也互相演示了感兴趣的相关教学平台ITtools等，并合影留念。

下午3点，我们在主持人温利英老师的带领下来到兴民中学，兴宁学宫是兴宁一中的始祖，两校同根。兴民中学的李副校长、黄镜波主任、信息科组彭德志组长及信息技术老师陪同我们参观了校园，探望了兴宁学宫，拜了孔子像。李校长一边解说学宫结构布局，一边介绍兴宁学宫和兴民中学的悠久历史。学宫已有700多年历史，自此学宫建后，兴宁县出现了成千上万杰出的人才，例如，出现了"一腹四知县""一屋五将军""一家三清华（即清华大学）""一桌两院士"的佳事。尤其是"一桌两院士"，更成为兴宁人津津乐道，家喻户晓的佳话（当时，兴宁一中校本部在学宫，1956年，兴宁一中迁至兴城北郊青眼塘，学宫复办兴民中学。），无不惊叹兴宁教育史上硕果惊人。走出学宫，迈进兴民中学多媒体教室，学员们与计算机科组老师多角度交流了多媒体教育在各学科的运用。期间，学员班班长为该校老师专题演示了快速、搜索、储存、调取的技能。工作室主持人温利英老师在感谢领导老师的接待时，也表示尽快建立工作室网上平台，以便兄弟学校资源共享，回馈各校。

图3　介绍学宫（兴宁一中名人名史）

学员们回到工作室惊叹兴宁学宫之时，还讨论交流了搭建资源信息共享平台的问题，让广东省温利英教师工作室"樱"飞送教兄弟校。

广东省温利英教师工作室

2016 年 6 月 26 日

博采众长 "瑛"室齐放

——广东省温利英教师工作室总结报告暨结业典礼

（第13天日志）

2016年6月25日下午3点，广东省温利英教师工作室总结报告暨结业典礼在兴宁一中电教楼六楼教工会议室隆重举行。兴宁一中主管教学教研的副校长温鸿葵，教务处副主任罗建泉、曾庆浩，以及一直关注工作室的友人萧超源先生等领导和嘉宾与工作室省级跟岗骨干学员、工作室成员及工作人员、部分市县骨干学员、老师40余人参加了会议。

图1　广东省温利英教师工作室总结报告暨结业典礼

会议首先由全国优秀教师、特级教师、嘉应名师、一中的副校长温鸿葵做了深情的发言。发言中充分肯定了广东省温利英教师工作室主持人温利英老师及相关人员在工作室里开展的卓有成效的教学教研工作。同时高度赞扬了跟岗学员勤奋好学、积极向上、不断探索的精神，并对学员提出殷切的期望。

图2　温鸿葵副校长发言

　　接着，学员代表潘高峰老师就在广东省温利英教师工作室兴宁一中跟岗学习期间的学习生活进行了回顾，并诚挚感谢所有关心帮助学员学习生活的领导、专家及同行们。在此广东省温利英教师工作室主持人温利英老师也温情地回望了工作室里的点滴学习生活并期望学员们能把工作室当作工作发展腾飞的平台，当作自己的家，多回来指导，多回来叙聊。

图3　潘高峰老师发言

　　随后，省骨干学员班长余宇宙、"篮球王子"陈小鲁、"文体委员"何震，以及工作室成员刘永财、市县学员石巧燕等，纷纷做了简短感谢、感恩类的发言。其中石巧燕老师说道：这个工作室对于学校而言是一个品牌，是一张名片，可以极大地提高学校的知名度，与百年老校共发展，是历史底蕴丰富的学园中璀璨绽放的一朵奇葩。通过短暂的跟岗学习既提升了我们学员的综合素质，也方便了来自不同地区学员的学术交流，而骨干教师谦虚好学、才艺双馨的精神深深地影响着我，让我对教书育人的工作有了新的认识，在教学中更能对自己进行准确定位！愿这次学习班里建立的友谊万古长青！

图4　"班长"余宇宙老师发言

图5　"篮球王子"陈小鲁老师发言

图6　"文体委员"何震老师发言

图7　工作室成员代表刘永财老师发言

　　再后，工作室主持人温利英老师首先就跟岗研修学习进行了总结，对省骨干学员在这13天跟岗学习、生活做了肯定。温老师发言中提到"骨干们从几十里、几百里外的不同地方赶来兴宁一中广东省温利英教师工作室跟岗学习，不仅克服炎炎烈日酷暑，而且克服了生活上诸多不便，这种不远千里，不怕困难，敢于吃苦的精神为工作室留下了宝贵的财富；学习期间，他们每一天每一刻都不放过，认真聆听专家"讲座"，示范课案，总结反思，走访名师，吸取精华，这种好学乐学，积极向上的精神为工作室留下了宝贵的财富；研磨讨论期间，他们勇于自我剖析课案，敢于评价同行，这种对教研开放心态、积极探索的精神为工作室留下了宝贵财富。同时，他们还为我们传经送宝，给我们送来了先进的教育教学新技能，新理念。这一切的一切都得谢谢省骨干教师们！谢谢他们为工作室留下了宝贵的精神财富！广东省温利英教师工作室将珍视这笔财富，发扬这笔财富，让工作室真正起到'引领、示范、辐射'的作用。期待与学员兄弟姐妹们再次相聚。"

图8　萧超源先生题诗

萧超源先生写藏头诗"广东温利英信息技术工作室"贺工作室工作的顺利开展，并圆满成功。

最后，由温利英工作室特聘的兴宁籍广州知名画家李名辉先生为学员们书写的座右铭书法作品，由工作室主持人、领导、成员、工作人员分别为学员举行赠送仪式。

图9　温鸿葵副校长为文体委员何震赠座右铭

图10　罗建泉副主任为骨干教师张胜群赠座右铭

图11　主持人温利英为骨干教师陈小鲁赠座右铭

图12　成员罗志华、学员何瑜萍为骨干教师余宇宙赠座右铭

　　学员回望观看了我们13天的学习活动历程视频，同时全场唱《同桌的你》。最后，主持人温利英老师用她那清脆甜美的声音说道："六月荷叶香满湖，学员们的六月与众不同"宣布结业典礼的结束。典礼结束后，大家一起合影留念。

图13　合影留念

广东省温利英教师工作室

2016 年 6 月 25 日

第二章

2016年广东省骨干教师跟岗简报日志

2

金秋十月 "瑛"室异彩

——广东省温利英教师工作室简报

秋风习习，秋雨飘飘。2016年10月17日上午9时，广东省温利英教师工作室第二期省级骨干教师培训班开班仪式在我校行政办公大楼二楼会议室举行。出席开班仪式的领导、专家有韶关学院教育学院副院长徐廷福教授、副院长黄德群教授，兴宁市教育局副局长陈春红，学校张远明校长和教育局、兴宁一中相关负责人及全体省骨干教师跟岗学员、工作室成员等40人。

图1　广东省温利英教师工作室第二期省级骨干教师培训班开班仪式

开班仪式由兴宁市第一中学温鸿葵副校长主持。

图2　温鸿葵副校长主持开班仪式

开班仪式上，兴宁市教育局副局长陈春红领导总结回顾了广东省温利英教师工作室成立对我市的信息网络建设起到的辐射推动作用，同时对广东省温利英教师工作室提出三点要求：一是希望各级领导、专家，兴宁一中，一如既往关心支持工作室建设，从各方面关心学员的成长；二是希望工作室主持人温利英老师能积极主动有创造性地开展工作，充分发挥工作室示范、引领、辐射作用，切实提高工作室的质量，办出特色；三是希望各学员全身心投入工作室的学习中，并将宝贵的经验带回去，加快推进各校、各地区的教育教学发展，为我省的信息技术教学工作作出更大贡献。

图3　兴宁市教育局副局长陈春红领导总结

接着兴宁一中张远明校长对前来兴宁参加广东省温利英教师工作室跟岗学习第二期开班仪式的所有领导、专家表示真诚的感谢；对前来跟班学习的省骨干学员表示热烈的欢迎，希望温利英教师工作室能认真进行学科研究，努力提高工作室的工作质量，增进工作室的发展活力，充分发挥各学科骨干教师的示范、引领、辐射作用，提升教师的职业崇高感，切实推进教师的专业化发展，实现让"骨干教师成名""名教师成家"的双目标。同时希望上级领导和专家对温利英老师多加指导和支持。

图4　兴宁一中张远明校长发言

　　然后，主持人温利英发言，她表示工作室要以"研究的平台、成长的阶梯"为工作宗旨，加强自身建设，通过言传身教带动学员提升道德修养和学识水平，增强大家的职业认同感和荣誉感；同时，制订学员专业成长计划，通过聆听专家教授"讲座"，学员们集中备课、观摩，教学案例研讨，课题研究及巡回"讲座"等形式，引导学员的专业提升；并带领大家开展课题研究，在规定的时间内，完成骨干教师省级培训委托的课题研究，写出有较高质量的研究报告、专业

图5　主持人温利英发言

论文或专业著作；同时发挥名教师的示范和辐射作用，通过上示范课、专题"讲座"、经验交流、工作论坛等形式，促进省市校信息技术队伍的专业成长。

最后，广东省骨干教师代表，跟岗学习培训班班长钟建科分别从三个方面做了表态发言：一是珍惜机会，认真学习，深入课堂，积极完成温老师布置的作业，不断提高自己的教学水平。二是及时交流，共同研讨。在接下来的13天学习期间，我们学员及时跟温老师工作室成员交流，学习温老师的先进教学经验和同学之间的先进教学经验。三是加强研究，突出实效，结合自己的研究方向，思考研究中存在的问题，积极撰写教学反思，让研究出成效。

图6　跟岗学习培训班班长钟建科发言

仪式结束后，徐廷福教授为学员们举行了题为"有效教学"的精彩"讲座"。"讲座"中，徐廷福教授引经据典阐述了什么是有效教学，用生动翔实的案例展现如何操作有效教学和如何把握操作有效教学应注意的有关问题。实

图7　徐廷福教授授课

用精彩的"讲座"让学员们大开眼界,受益匪浅。

下午,黄德群教授为我们学员做了"移动教育和移动学习"的"讲座",黄教授由什么是移动教育、什么是移动学习,讲到展望移动教育、移动学习的现状、未来。内容丰富,图文并茂,精彩纷呈,博得了学员们的阵阵掌声。

图8　黄德群教授授课

放学后,主持人温老师带领全体学员到我市4A级景区神光山登山,开展团队建设。我们在爬山锻炼身体,领略大自然风光的同时,又促进了彼此间的相互了解,加深了友谊。

图9　与专家在工作室合影

广东省温利英教师工作室

2016 年 10 月 17 日

"瑛"室开讲　研磨探寻

——广东省温利英教师工作室简报

2016年10月18日上午，广东省温利英教师工作室的全体跟岗学员聆听了工作室主持人温利英老师的示范课《图像合成——PS之图像简单拼合》和工作室成员罗志华老师的《Word文档格式的设置》。

图1　主持人温利英老师示范课

课堂上，温利英老师教态自然，教学方法机智灵活，课堂架构清晰、明朗，图文并茂地演示了图像合成的方法技巧，同时又巧妙地把德育教育穿插在课堂教学中，让我们听课的学员和学生都惊叹其对专业的娴熟，又让学生在动手制作中得到了德育、美育教育。

罗志华老师的课主要讲授基础的Word文档段落的格式设置，课堂上条理清晰，结构严谨，给

图2　主持人温利英老师授课

予了学生较好的空间和时间进行自主探究，还有就是罗老师的亲和力真不是我们一般人能比的，整节课学习气氛活跃。

图3　罗志华老师授课

听完两位老师的授课后，学员们紧接着进行评课。学员们纷纷从常规教学、教学思路、教学技巧、教学效果等方面，依次对两位老师的课进行点评学习。学员们对温老师的课给予高度评价，认为温老师在学情的分析、教材的把握上都很到位，教态自然得体，专业知识娴熟，课堂掌控能力强，不愧是名教师。对于罗志华老师的课，学员们认为教学思路清晰，重点、难点把握准确，但在教学技巧上可以更多元更丰富。

图4　学员进行评课

下午，主持人温利英举行了题为"信息技术骨干教师专业发展"的专题"讲座"。温老师站在具有"名师"特征的高度，从立德树人，技高为师；教学教研，理念引领；课题研究，收获成效三个方面深入浅出地论述了有关中学信息技术教师专业发展研究的方向。在"讲座"中，老师讲到了对我们的希望：让骨干教师成名，名教师成家。也传授了教学教研的方法，像八环节、四不如等相关知识。让前来聆听和跟岗学习的省级骨干教师对中学信息技术教师发展的方向及路径有了更明确的认识。

图5　主持人温利英的"信息技术骨干教师专业发展"专题讲座

最后主持人温利英老师与参与"讲座"的广东省骨干教师、工作室成员合影留念。

图6　合影留念

广东省温利英教师工作室

2016 年 10 月 18 日

"瑛"室学员　汇报研讨

——广东省温利英教师工作室简报

今天是省骨干教师在广东省温利英教师工作室跟岗学习的第三天。按工作室的有关计划安排，接下来的三天是工作室跟岗学员的汇报展示课和集体研磨课。

10月19日跟岗学员舒晓龙老师经过精心准备，上了一节题为《用人工智能处理信息》的汇报课。舒晓龙老师的汇报课非常精彩，他采用了非常高端的人工智能教学软件，在课堂上组织的几个活动非常精彩，特别是辩论赛环节，充分地调动起了学生的兴趣，引入环节也很吸引学生，教学流程非常流畅。上完课后，工作室主持人温老师组织全体跟岗老师和工作室的老师对舒老师的课进行点评。大家都觉得舒老师的课非常精彩，课堂驾驭能力非常好，无可挑剔；语言准确，表达丰富机智，如在演示一个语音软件进行语音输入时，试了三次失败，用一句"这个软件做的广告远远比软件功能好多呢"就这样婉转过渡；个人魅力十足，学生上课气氛和状态特别好，还有上课肢体语言非常丰富等。舒老师的课是我们学习的榜样。

图1　舒晓龙老师授课

第三节课，我们听了来自东莞的张志强老师的汇报课，张老师授课的课题是《视频的加工和编辑》。张老师在上课时，播放了一段兴宁一中参加校运会的视频。马上吸引住了学生，学生的上课积极性非常高，兴趣非常大，学生很积极地参加视频的制作。课后，温老师组织工作室成员和跟岗学员对张老师的课进行评课。大家对张老师的课给予好评，特别对张老师能用ITtools来上课，大家都表示非常感兴趣，对张老师的在线课堂给予了高度的评价，同时得到了兴宁第一中学教育局教研室范国波老师给予的高度赞誉，在语言艺术、课程导入方面有特色，调动学生主动性、回应学生需求的帮助方式多样，能做到及时点评，课堂的主体性体现得非常好。

图2　张志强老师授课

下午第六节课，我们跟岗老师黄永城上了一节汇报课，黄老师汇报的课题是《深入认识计算机》。黄老师上课时的教态自然，语言清晰，重点、难点突出。课后，温老师组织大家进行评课，这时大家才知道黄老师是语文老师出身，刚转行来教信息技术。大家对黄老师勇于挑战的精神大加赞赏。

图3　黄永城老师授课

第八节，我们跟岗学员和学校的行政领导进行篮球友谊赛。张校长亲自上场跟我们打比赛，学校领导在场上生龙活虎，配合默契，球技高超。看到球场上的张校长，我们怎么也不相信他有50多岁了。我们跟岗老师也努力拼搏，但最终技不如人，输给学校行政队。通过这场比赛，我们更感受到了团结向上，拼搏奋斗的一中风貌。

图4　篮球友谊赛合影

图5　篮球友谊赛风貌

10月20日，是我们工作室跟岗学习的第四天。先是简单的说课活动，然后进行教学汇报研修。第二节课钟建科老师为我们汇报的课题是《善待地球，珍爱家园——图文混排的设计与制作》。该课准备得非常充分，教学网站做得非常精美，设计非常合理，课堂气氛活跃，在情感价值上深入得非常透彻，犹如"随风潜入夜，润物细无声"，带领大家达到一种更高的境界，很好地完成了教学任务。其间有一小插曲，在温老师组织下前往兴宁第一中学足球场观摩课间跑操，一中跑操气势蓬勃，整齐有序，令人敬服！接着温老师组织课题组老师和跟岗老师对钟建科老师的课进行了点评研磨，在肯定教学效果好的同时，也提出几点宝贵的意见：一是活动一和活动二之间的过渡处理得不够理想，最好由学生评价来过渡。二是范例不够全面，图文混排的作品不够。三是中间有个任务交代得不够清楚。四是学情分析把握不够，最终学生完成的作品质量不高。这些意见为我们学员今后的课堂教学提供了很多宝贵借鉴。下午，我们全体就如何进一步备好课、写好跟岗学习日志和如何撰写开题报告等进行了热烈的探讨。

图6　钟建科老师授课

图7　学员观摩兴宁第一中学足球场课间跑操

　　10月21日，早餐后我们便到工作室进行集体备课。工作室主持人温老师对我们明天的课题开题报告作了布置。第三节课是方辉老师的汇报课，课题是《文本信息的加工与表达》。方老师采用身边的文本信息引出本课题。然后布置本课的教学任务和示范讲解。学生的操作能力非常强，方老师的两个教学任务，学生完成得非常快。课后，温老师组织全体跟岗老师和工作室成员进行集体评课，评课的气氛非常热烈，不断引出思想的碰撞和"争鸣"。大家都认为方老师布置的任务非常明确，素材非常好。另外，针对课堂时间过多或要超时要怎样来处理的问题，大家都发表了自己的看法；还对课堂上的素材从思想性和趣味性方面两者之间怎样选取展开了讨论。

图8　方辉老师授课

下午，我们进行了集体讨论、撰写了开题报告和开题申报表，大家都认真学习，研讨开题报告的模板并查找相关文献。

工作室跟岗学员们课堂汇报展示、研磨讨论、思维碰撞，一方面提升了学员们的课堂驾驭能力；另一方面也提高了学员们的专业知识，开阔了视野，同时学员之间也增进了了解，加深了感情。

广东省温利英教师工作室

2016 年 10 月 21 日

"瑛"室课题　专家导航

——广东省温利英教师工作室简报

"秋风秋雨秋台风，'海马'台风跃飞来。"10月22日周六虽是台风天，但我们学员没有停下学习的脚步。省骨干跟岗班的学员们准时来到兴宁一中电教楼五楼温利英教师工作室开始一天的学习。

图1　课题开题报告会

今天是每个学员的课题开题报告会。参加今天开题报告会的有来自广东第二师范学院的邬依林教授、王增海教授，华南师范大学的韩裕娜博士，兴宁一中的温鸿葵副校长、张振彬主任，工作室主持人温利英老师和全体成员，省跟岗学员等25人。

在温老师的主持下，首先举行了一个简单而隆重的开题报告会仪式。然后是14位学员轮流进行开题汇报。学员的课题有"对信息技术用Excel分析学生成绩研究""初中信息技术课堂中新颖主题教学的实践研究"等。专家教授名师们认真聆听且查阅了学员的申报书，从课题命名、范围、研究意义、研究背景，研究内容及步骤，研究方法的合理性及课题研究成果等方面，有针对性地提出修改意见及建议。在名师专家教授指导下，我们学员对课题的申报书有了更深一层的认识。

图2　学员合影

广东省温利英教师工作室

2016 年 10 月 22 日

"瑛"室课堂　内外缤纷

——广东省温利英教师工作室简报

　　10月23日星期天，休息日我们并没有休息，根据工作室跟岗学习计划，我们的学习课堂延伸至户外。一早上，我们在工作室主持人温利英主任的带领下，省骨干跟岗学员14人和广东第二师范学院邹依林教授、王增海教授一起前往兴宁市下堡中学进行交流学习。

　　下堡中学是兴宁市南部水口镇的一个边远山区中学，校园环境十分优美，教学成绩特别优秀。从下堡中学刘赞成校长的介绍中了解到，学校现有6个教学班，学生197人，教职工30人，其中中学高级教师6人，一级教师18人，学校领导班子团结务实、开拓进取，教师爱岗敬业、无私奉献。学校以育人为本、以学生为主体，确立了"以兴趣引导学生成长，以目标引领学生成长"的教育目标，促进学生加强学习，善于学习，不断提高和完善自我。自2000年以来，在广大校友和社会贤达的关心支持下，学校的设备设施不断完善。学校从2007年开始，设立了"下堡中学育才基金"用于奖教奖学；2012年起，设立了"下堡中学扶贫助学基金"资助贫困学生。学校全面贯彻党的教育方针，积极实施素质教育，不断加强科学管理，教育教学质量稳步提升，中考重点高中入围率不断提高，居全市农村初中前列。在这里，我们感受到了其先进的管理理念和务实进取的教育教学精神，同时也感受到了兴宁"崇文重教"的氛围。

　　10月24日，跟岗学习生活已经过去了一半时间，接下来的三天仍是瑛室课堂汇报研磨。今天首先是彭燕老师的公开课，课题是《获取网络信息的策略与技巧》。彭老师给我们展示的是一节非常精彩的课堂。彭老师以提问的方式导入新课，然后详细讲解了网络信息检索的方法、使用搜索引擎等，以分组、自主探究等方式进行课堂教学，课堂的效率很高。接着是学员王敏珊老师的《"环保"电子报刊》的设计公开课，王老师给我们展示了环保教育主题引入方法，还导入制作了一幅主题为"文明"的电子报刊。她从制作电子海报的5个要点出发，讲解了如何制作一份宣传海报，并要求同学们参与实践，同学们参与度高，课堂效果好。课后，大家各抒己见地交流听课心得：彭老师详细地讲解网络搜索的方法时，可以利用对比教学，如关键字搜索环节，当搜索同一个问题时，以同学们习惯用的方法搜索会得到什么样的结论，对比一下，体现所用关键字搜索方法的优势。

下午，我们到兴宁市实验学校参观学习。当听到刘赞成校长介绍学校是九年一贯制、有8 000多名学生的规模和教育教学成绩在兴宁市首屈一指时，学员们赞不绝口。参观之后，我们听了实验学校潘永东老师的一节课，反响不错。

图1　彭燕老师授课

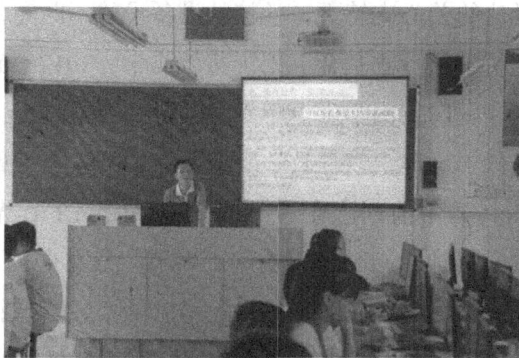

图2　潘永东老师授课

10月25日上午第一节，来自惠州澳头实验学校的学员朱燕姝老师上了一节《用电子表格自动计算》课。朱老师这节课讲了函数、公式、自动填充、Rank函数4个大知识点，内容充实，节奏快，语言轻松幽默，学生能常常被老师逗笑。第二节是由来自潮州市潮安区颜锡祺中学的陈彬老师上的《表格信息的加工与表达》，主要讲了自动求和按钮、求和函数、求平均值、求最大值最小值的函数。接着是由来自清远市清新区滨江中学的廖家祥老师上的《表格信息的加工与表达》，这节课重点偏重于基础，从表格的建立、求和、求均值等函数的使用，讲了单元格的地址、数据区域的标识方法。

　　下午，我们从老师们的课前准备、组织教学、教学设计、课堂氛围、教学效果等多方面进行研磨探讨。

图3　陈彬老师授课

　　10月26日7：55分准时开始听林木永老师的《我的相片，我作主——图片的颜色及修补工具的使用》主题课，这节课林老师准备了现实中的一些照片，说明并引入学习图片颜色的处理及修补工具的学习。林老师以讲练结合的方式开展课堂，同学们参与度不错。9：35分开始听陈琳老师的《文明交通伴我行——表格信息的加工与表达》主题课，陈琳老师在引入阶段，采用同学们参与调查的方式，引出数据，然后以"图表的说明效果更好"为切入点开展课堂。这一切入点效果很好，通过同学们的亲身参与来成功地引起同学们的注意；整堂课，陈老师以讲练结合的方式来开展课堂，效果很好；同时陈老师在讲课的过程中，加入德育教育的思想，更能体现教书育人的使命职责。接着广州市花都区雅居乐初级中学的毛雪晴老师上了一节《用电子表格计算——函数的使用》。

　　下午，工作室主持人温老师组织大家对林木永老师和陈琳老师的课进行一一点评。在肯定他们的同时，陈老师的课，教学过程做到了加入育人思想，如交通文明等思想能让同学们接受，这很好；也指出一些不足，林老师的不足是一些细节做得还不够老练，处理效果讲得多了一点，占用了讲实际操作的时间。

图4　林木永老师授课

图5　毛雪晴老师授课

10月27日8点，学员们走出课堂出发去兴民中学学习参观。兴民中学的校长、主任早早地在校门口迎接我们。兴民中学的校长介绍了学校校史，带我们参观了学宫，即学校的历史地址、校友名人录、教育教学成绩展等。之后参观了运动区、教学区、功能区等。我们深深地感受到兴民中学的教学历史悠久、文化底蕴深厚。

下午我们参观了兴宁市永和中学，这是一所乡镇中学，崭新的黄白相间的五层"6"字形教学楼、功能室映入我们眼帘，校园环境的优美和运动区、教学区、生活区互不干扰的布局，让学员们齐声叫好。我们跟随邹作坤校长，经教学区、功能区走进会议室，一路感受到了教育教学的现代化，每个教室都有电子白板等现代化设备，且实验功能室齐全。听邹作坤校长介绍，这里的教师运用现代化设备娴熟，教学理念新，教育教学成绩在全市名列前茅，而且教师、学生参加全市的各项比赛成绩突出。这一切都让我们学员惊叹不已。

　　这几天，不管是课堂汇报研磨还是课外的参观学习，我们学员都收获满满，都感到"瑛"室课堂，内外缤纷。

图6　合影留念

广东省温利英教师工作室

2016 年 10 月 23 日

第三章

跟岗学习总结

3

全新体验　收获颇丰

——广东省温利英教师工作室跟岗总结

清远市连南县寨岗中学　曾伟国

2016年6月13—25日，作为2015年广东省中小学信息技术骨干教师省级培训班学员，我在兴宁市第一中学"广东省温利英工作室"进行第二阶段的跟岗学习。在进行跟岗学习之前，温利英老师已经制订了详细的跟岗学习计划，包括学习要求、学习安排、培训前的材料准备、专家"讲座"的安排和布置、各种注意事项等。

跟岗期间，通过聆听专家学者的专题"讲座"，我学到了很多先进的教育思想、教学方法，收获颇丰。

一、教育教学理论水平有了质的提高

6月13日聆听了广东省第二师范学院计算机系主任周如旗教授的专题"讲座""AlphaGo核心技术与深度学习"，周老师从AlphaGo的工作原理讲起，图文并茂、深入浅出地讲述了人工智能的相关知识。通过这次学习，学员们了解到人工智能、机器学习的有关原理，开拓了学科视野。

6月15日，由温利英老师作专题"讲座""中学信息技术骨干教师专业发展研究"。温老师主要从三个方面阐述了骨干教师专业发展的建议：一是立德树人，技高为师；二是教学教研，理念引领；三是课题研究，收获成效。通过聆听温老师的讲解，我更加明白了作为教师要成长、要发展、要进步所应具备的素质。

6月17日，丁立教授为我们跟岗学员作专题"讲座""信息技术助力教与学"，丁教授用风趣的语言和精湛的技术向我们展示了很多常用手机APP的用法，并演示如何用在平常的课堂教学上。非常简单实用的信息技术工具，对我们教与学起到帮助作用。

二、课堂教学能力得到有效的锻炼

跟岗期间，我总共听课15节，每节课后温老师都会组织我们进行集中评课、议课。在这一过程中，大家从不同的角度去分析，各抒己见，气氛热烈而又融洽，如这节课的亮点在哪里？有什么特色？还有什么不足之处？如何改进？我们从这节课中学到什么等。这些听课评课活动，让我们清楚地明白了听课评课的方法和要素，提升了我们听课的艺术与评课的水平，更给日后的教学提供了宝贵的经验。

这一系列的有计划、有目的、有针对性的指导培训，极大地锻炼了我们处理教材、调控课堂教学的能力，使我们学到了许多书本上学不到的知识，也促使我们注重教学反思，因为反思对教师成长很重要。在这次跟岗学习过程中，通过听课、评课和写跟岗日志，写自己的体会和收获，同时反观自己的课堂，思索课堂上的得失，找出课堂上对学生有利的教学和无利之处。

在本次培训中听取了名师的数十节课堂教学，通过对各名师的教学风格和教学方法相互对比，培训成员之间相互讨论和交流，让我从多角度、多层面对课堂上的各种困惑和行为进行理论的诠释和深刻的反思，让我接触到一些未曾接触到的问题。发现自己与名师的差距很大，需要努力的方向很多，也对自己原有的教学理念和教学方法产生了强烈的冲击。通过这次培训，我觉得自己在今后的教学中，要不断地反思，找出自己的不足之处，思考如何让学生在轻松的环境中上好每一节，让学生每一节课都动起来，通过不断地反思来提高自己的教学水平和创新能力。

三、拜访名校，开拓视野

跟岗培训除了务实地立足于工作室基地，还采取了"走出去、请进来"的形式，丰富了跟岗学习活动的内容。在温利英老师的组织安排下，我们去了兴宁实验中学、梅州东山中学、东山书院、兴宁沐彬中学、兴宁兴民中学交流学习。周末，温老师还带工作室成员及跟岗学员到梅州客天下景区，感受山、林、湖、泉等自然美景，舒缓我们学习的压力，愉悦我们的心情。

四、课题开发与研究

在温老师的指导下，我们都以各自的教学实践和特长，初步选定了课题研究方向，撰写了开题报告并进行了开题。温老师还邀请了广东第二师范学院的邹依林教师、班主任王增海老师在现场一一给予点评，使我们初步了解、掌握了一些基本的教育科研方法。

五、相互学习、相互合作、共同提高

在跟岗学习过程中，我们15位学员相互学习、相互探讨、相互帮助、取长补短、共同成长，结下了深厚的友谊。培训结束，是我们新的开始，我们相互之间会更加紧密地合作，互相交流，信息共享，共同提高，争取把自己所学的理论知识化为适合自己学校实际情况的好的教学方法，培养更多更优秀的学生。

培训是短暂的，但收获是充实的，它让我站在了一个崭新的平台上审视信息技术课教学，使我对今后的工作有了明确的方向。这一次培训活动后，我要把所学的教学理念，咀嚼、消化，内化为自己的教学思想，指导自己的教学实践；还要不断收集教育信息，学习教育理论，增长专业知识；课后要经常撰写教学反思，对该堂课的得失有所记录，以便今后课上进一步提高。

总而言之，这次的跟岗培训，让我获得全新的体验和收获，使我在教学成长的道路上又有了一个新的起点。我也由衷地期盼着更多这样属于我们学习、进步的机会，让我们健康、茁壮地成长！

聆听感悟，不断完善自我

——广东省温利英教师工作室跟岗总结

三水区实验中学　董泽明

2016年6月13日至6月25日，作为省信息技术骨干教师培训的第二阶段学员，我与15位省内信息技术骨干教师培训班学员一同前往兴宁市第一中学温利英教师工作室开展了为期13天的跟岗学习。

在跟岗学习期间，我们第一次感受到兴宁一中这所百年名校的厚重历史，见识了这所学校所体现出来的稳重与活力并重的优良校风，通过认真学习，聆听专家"讲座"，观摩课堂教学实践，用心去领悟他们的观点，吸取精华。通过讲课、评课、说课、座谈等形式多样的学习活动，我获得了宝贵的教学经验。本次跟岗学习让我在思想上、教育教学理念上、教学实践上都产生了深刻的影响。现将本次跟岗学习情况总结如下：

一、组织有条理，目标很明确

在我们正式进行跟岗学习之前，温老师发了一封致全体学员的信，这封信用亲切平和的语言，像一位大姐姐一样让全体学员消除了各种焦虑和迷茫的心态，信中特别提到了我们来学习之前先思考的五个问题：

1. 我已拥有了什么？

2. 我还欠缺什么？

3. 我希望能够得到什么？

4. 我将要带回去什么？

5. 我将如何重新规划自己的教育教学生涯和专业发展？

我觉得问题提得非常重要，既给我们指明了学习的方向，也让我们开始思考这次跟岗学习的目标和意义，让我们从思想上准备得更充分，这是一封十分及时又有着重要意义的信。另外温老师还亲自制订了跟岗学习计划，对诸如学习要求、学习安排、培训前的材料准备、专家"讲座"的安排和布置、各种注意事项等都做了详细的安排，培训中每天每个时间段的计划安排更是翔实具体，很有针对性。每个事情都落实得具体细致，不论是在学习中还是生活中都做得十分周到，让我们全心全意地投入学习中，不受任何影响。

在跟岗学习期间，温老师凡事都亲力亲为。最令人感动的是温老师起得早，睡得晚，每天很晚的时候不论哪个学员有疑问，温老师都能及时回应回答，然后第二天一大早又能看到温老师的学员要问早，天天如此，令人敬佩不已。

在温老师的指导下，我们在跟岗期间共听课、评课19节（其中工作室主持人温利英老师示范课1节、工作室成员公开课3节，跟岗骨干教师汇报课共15节，评课19节），以及自己的汇报课1节、撰写跟岗日记12篇、读书笔记1篇、跟岗学习工作总结1篇、教学设计1节、录制微课1节；教学反思1篇，并完成了课题的开题报告。

二、名师大咖齐汇集，收获良多

温老师不仅学识渊博、治学严谨，而且教育教学水平高，平易近人。在十多天的相处中，我从她身上学到了很多，不仅仅是先进的教育教学理念、教学方法，还有她对工作的热情、严谨，为人谦逊而低调。另外，省二师周如旗主任、丁立教授等多位名师教授也来给我们作"讲座"，他们通过对最前沿的信息技术进行研究，把机器人技术、手机技术应用用生动有趣的方式深入浅出地展示给我们学习，令我们收获满满。在我们的开题报告中，邬依林教授和王增海老师与我们一直坚持了四个多小时，认真地聆听了每一位学员的开题报告，对我们的每一个课题都做了非常到位的点评和指导，他们对课题研究的熟悉和把握，帮助我们学会了如何有效开展课题研究。

通过聆听各种专题"讲座"，我们学习了许多先进的教育思想、教学方法，收获颇丰。例如，在开班仪式的当天上午，周如旗主任为我们开设了关于"AlphaGo核心技术揭秘与深度学习"的学术报告，通过学习"讲座"，我们认识到了许多关于人工智能方面的问题，这些都是我们平时较少关注的问题，反思自己的课堂教学，平时应用信息技术转变教学观念、优化课堂教学和变革学习方式的意识确实不强，信息技术的应用也仅仅停留在技术的层面。今后在教学教研工作中，我一定要积极探索与大胆实践，借鉴其他学科的经验与做法，关注学科及信息化发展的动态和前沿信息，树立终身学习、不断完善自身的意识和习惯。

温利英老师关于"中学信息技术骨干教师专业发展的探讨"的"讲座"。温老师从"立德树人，技高为师；教学教研、理念引领；课题研究、收获成就"这三方面充分论述了她认为的信息技术骨干教师发展之路。她对我们提出了"让骨干教师成名，名师成家"的殷切期望，还深刻分析了为什么作为一位名师应该具备"相对性、示范性、时代性和教育情怀"这四个主要特征，以及明确了培养、培训优秀教师要开展课题研究，开发整合优质资源等几项教师工作室的职责任务。这些都让我们充分感受到温老师开办工作室、培养骨干教师的责任感。从她提出的强化教学"八环节"，倡导教学"四不如"，实施教学"八策略"，强调教学"要五多"，提出课堂"要三少"，讲究备讲"八要求"，我们可以体会到温老师平时教学、治学的严谨。

丁立教授关于"信息技术助力教与学"的"讲座"为我们分析了当前的教育教学形势，针对我们教师的烦恼，他教我们使用各种各样能够辅助教学的软件和方法，通过学习让我们充分体会到利用多媒体辅助教学，可以激发学生兴趣，促进学生积极主动参与学习。他提出，借助信息技术进行教学，能变静为动，变复杂为简单，变难懂为易懂，以直观形象紧紧吸引学生的注意力；真正的课程整合，是把各种技术手段完美地融合到课程中，超越不同知识体系而以关注共同要素的方式安排学习的课程开发活动；教师利用电脑对图形、数字、动画乃至声音、背景等教学需要进行综合处理，使得易于理解和掌握，使学生能利用计算机提取资料、交互反馈、进行自学，让数学中的学习能力、探索能力、创新能力、解决问题的能力成为学生个性潜能发展的方向。

此外，温老师为了促使我们学员之间多沟通、多交流、多学习，还安排了4场学员"讲座"，其中包括余宇宙老师的"ITtools"，余宇宙、冯英畅老师的"机器人制作"。这些都为我们学员提供了展示的平台，帮助我们相互借鉴和切磋，增进了解。

三、听课评课，开阔教学视野

为了让我们更好地了解怎么上好一节信息技术课，在温老师的安排下，我们先后聆听了温利英老师的《多媒体的集成与发布》、罗志华老师的《Flash——运动动画》、刘刃白老师的《Excel之精华——函数的应用》、黄文杰老师的《色彩的调整》等工作室成员的公开课，之后我们全体跟岗学员也各上了一节汇报课。

每听一节课后温老师都会带领我们进行集中评课，让我们从不同的角度去分析、解构这节课，从而不断开阔教学视野。

四、上汇报课提高教学水平

教学是教师的生命线，作为一名骨干教师，一定要能驾驭课堂。汇报课是展现我们教学能力的舞台，学员们的第一节公开课就是由我来打响头炮。因为临时调整了班级，所以我的课程授课也做了相应调整。由于准备不算太充分，采集的素材有限，在度过了课堂初期的紧张之后，我通过自我调整，重新回到正常的教学轨道，在做好操作示范之后，让学生也较好地完成了教学目标，学生也能从中学有所得。在随后的评课中，大家针对我这节课进行了详细的点评，对我存在的不足和缺点给予了中肯的意见和建议，这些都是我在平常教学中非常欠缺的，评课活动让我了解到自己教学设计中的不足，我也一定会在今后的教学活动中把这些宝贵的经验进行分享并加强学习。

五、今后的努力方向

1. 在教学中要坚持发展和创新

通过跟岗学习，我认识到教学工作要有发展和创新意识，不应只是被动接受，不应只是"复制式"的模仿和重复，而应该结合我们自身实际走发展与创新的道路。我向专家们学习，向同伴们学习，以学促变、学思结合、学以致用，取人之长，补己之短，在教学中结合学校实际，坚持发展和创新的教学理念，采取灵活多变、形式多样的教学方法，更好地为学生服务。

2. 高标准高水平严格要求自己

在这次培训中，温老师和工作室成员的言传身教，让我重新认识到作为一名教师，要切实担负起教师应尽的责任和义务，高标准要求自己，高水平引领学生，高境界体现价值。我要努力从一个单纯的教书匠转变成一个研究型教师、学者型教师，在学习、工作中要起到示范带头作用。

经过这十多天的学习培训，我收获的不仅仅是知识，还收获了友谊。在感受到名师、同伴学员之间深厚情谊的同时更收获了感动，不仅更新了我的教学理念，提高了教学水平，而且丰富了我的教学思路及视野。此次跟岗让我认识到，作为一名教师，在自己的教学生涯当中应该不断成长，不断成熟，逐渐形成独特的教学风格，只有这样才能成为一名优秀的骨干教师。

虚心让人进步，思想的碰撞让认识升华

——兴宁一中温利英教师工作室跟岗学习总结

广东两阳中学　冯英畅

从6月12日出发到兴宁，13日正式开班，为期13天的兴宁一中温利英教师工作室跟岗学习即将结束。回顾这13天的学习，虽然兴宁不是一个发达地区，兴宁一中的设备也并不先进完善，但通过跟岗学习，听课评课，在不同的思想碰撞中，使我开了眼界，增长了知识，学习了新的经验、新的理念，同时也使我认识到不足之处，明白以后在教学上的路应该怎么走。

兴宁市第一中学是国家级示范性普通高中、广东省一级学校、梅州市重点中学。学校以十六届、十七届中共中央委员、广东省原省长、校友黄华华2006年回母校时提出的"办一流名校，育一流人才"的重要指示为目标，构建了"以人为本，塑造高素质的现代人"的办学理念。百年历程，学校积淀了深厚的文化底蕴，形成了"勤奋、求实、团结、进取"的校风，"敬业、严谨、善教、创新"的教风和"多思、敏学、勤勉、自励"的学风。在这里短短的13天，我也深深地体会到了名校的风采、名校的魅力，以及她内在的底蕴。

这是培训开始前，温老师在《致学员一封信》中建议我们思考的五个问题：

1. 我已拥有了什么？

2. 我还欠缺什么？

3. 我希望能够得到什么？

4. 我将要带回去什么？

5. 我将如何重新规划自己的教育生涯和专业发展？

确实，这是值得我们思考的问题，所以，我也不断思考着，学习着，希望升华自己。

2016年6月13日上午，兴宁市第一中学广东省温利英教师工作室在广东省第二师范学院计算机系主任周如旗教授、我们的班主任王增海老师、兴宁教育局和兴宁一中的领导、工作室成员及我们16位学员的共同见证下顺利揭牌运作，我有幸作为第一批学员之一并在这里跟岗学习。

一、专家引领

揭牌当天，广东省第二师范学院计算机系主任周如旗教授为我们做了"讲座""AlphaGo核心技术与深度学习"。周如旗教授是这方面的专家，从AlphaGo的工作原理讲起，图文并茂、深入浅出地讲述了人工智能的相关知识。通过这次学习，我们了解到人工智能、机器学习的有关原理，开拓了学科视野，激发了大家的学习激情和兴趣，是一次难得的学习机会。以后学生对这方面有兴趣时，我并不是一无所知，还能够给学生一定的解答。

6月15日，温老师做了"中学信息技术骨干教师专业发展探究"的"讲座"，然后请我们喝了一杯新颖的"世界咖啡"。启发不少，收获不少。

温老师关于"中学信息技术骨干教师专业发展探究"的"讲座"，主要分三部分："立德树人，技高为师""教学教研，理念引导""课题研究，收获成效"。

在"立德树人，技高为师"部分，温老师提出目标和希望，即"让骨干教师成名，名师成家"，分析了"名师"的特征，讲清楚"教师工作室"的职责任务，提出了工作室的名师培养模式，要让骨干教师成为播撒真情的教师，书写人间大爱，成就幸福人生；要让骨干教师成为甘于奉献的教师，责任重于泰山，造就国之栋梁；要让骨干教师成为底蕴深厚的教师，修身养性治学，练就名家名师；要让骨干教师成为不辱使命的教师，坚持终身学习，绘就美好明天。

在"教学教研，理念引导"部分，温老师介绍了兴宁一中的：教学"八环节"，即备、讲、辅、考、研、督、导、优；学习"八环节"，即听、看、读、练、思、问、整、固。倡导教学"四不如"：

会教不如会学

好教不如好学

师动不如生动

师忙不如生忙

实施教学的"八策略"：

面向全体，激发兴趣

夯实基础，重视实践

合理补垫，培优补弱

规范习惯，指导学法

强调教学要"五多"：

提出问题多考究

考虑问题多角度

剖析问题多层次

讲授问题多探究

……

在"课题研究，收获成效"部分，温老师较为详细地谈了做课题的相关问题，对较少进行课题研究的我启发很大。

最后，温老师希望我们这批骨干教师树立这样的理想形象：

术业专攻，德高望重

技术高超，培育英才

在"讲座"之后，我们转到了"咖啡厅"。喝着"世界咖啡"，讨论"教师专业发展研究关键问题"。温老师和兴宁一中的同行们准备了咖啡和茶点，将我省骨干教师学员和梅州地区学员分成了两组，采用"世界咖啡"的话题讨论方式，对"教师专业发展研究关键问题"进行了充分认真的讨论，通过观点的碰撞，提炼出非常有价值的观点。

我个人提出的观点是：一是个人要有追求，否则一切无从谈成；二是上课是日常，课题和竞赛是两个抓手。其他老师提出的非常有价值的观点包括：提高自身教学素养，做好自身专业定位，坚持自身专业发展方向、专业提升、地位提升等。

通过这种形式，各种不同思想的碰撞让我们的认识得到了升华。

二、进课堂感受教育理念研教法相互取长补短

在学习过程中，我听了16节各种类型的公开课：有主持人温老师的1节示范课，工作室成员的3节课，还有跟岗学员的12节汇报课。每一节公开课，展现的

都是一种新的教育思想，一种新的教学理念。

主持人温老师的示范课教学课堂如同让人品味美食，热烈的课堂气氛，周密的课堂结构，及时的课堂调整，都是可以让人吸收的养分。

这里是全省骨干教师以及名师云集之地，大家都认真准备着每一节课，并在课后积极地进行反思。他们都各有特色，每一位教师都是我学习的楷模。同行间的高水平交流让我开阔了视野，仿佛看到了一片崭新的发展空间。

在跟岗学习中，我们通过集体备课、双向听课、说课评课、相互研讨、课题研究和专题"讲座"等形式不断促进我们的专业发展。我们围绕每一节课的教学内容特点、教学重难点、教法学法、教学过程等进行深入的探讨。例如，在融合自己的教学特色方面交流；在创设情境引入新课，激发学生的学习兴趣；注重学生自主探索，激发学生主动获取新知；采取多种教学方式，帮助学生掌握学习方法等。工作室的老师在繁忙的工作中挤出时间积极参与研讨。我觉得研讨是一种很好的学习方式。在研讨中，突现观点；在研讨中，涌现出智慧的火花。此外，我在这13天的培训中，按照计划认真执行学习跟岗培训的各项内容，在听、评课和上常态课中进行教学反思，写教学反思，及时更新教育博客。

三、我的汇报课和上课后反思

6月20日，我上了一节汇报课《初识Scratch》，课程设计是介绍软件的基本使用，然后用案例采用角色表演故事的方式让学生掌握软件的使用，驱动学生学习，引起学生兴趣。从课堂来看，学生产生了很大兴趣，在我提供的任务之外，不断尝试软件的其他功能。不足之处，首先是个人声音比较小，而机房的扩音机不是很好，后面的同学听不清。其次，当时进行课前设计课程时担心如果展示一些作品，会占用时间，对学生完成自己的作品有影响，现在看来，应该展示几个典型作品比较好。但意外的是学生对软件的未用到功能比较感兴趣，对我提供的"为什么学编程"视频没怎么观看，音乐演奏拓展内容也比较少，这可能与我提示不足有关。

大家的意见是故事情景模拟，如果打印出来，让学生在中间进行可能更好；学生制作作品这个任务重复的模块比较多，提示学生进行复制会省很多时间；一些学生没有专心完成任务，而在尝试其他东西，应该提示这些学生先认真完成老师布置的任务；对于使用程序设计解决问题的方法，应该有所讲解，可以让学生动脑完成。大家的意见都非常好，有些是我没想到的，以后如果还上这课，应该会上得更好。

6月24日是第八节课，我和詹宋强老师、余宇宙老师三个人轮番上场，为电脑俱乐部的同学上了《边玩边学——Scratch积木式编程》。这一节课和前面我们三个人同课异构的课不同，考虑到这些同学后续学习的问题，采用了"好好搭搭"在线编程的方式。余老师播放了宣传片后，我介绍了编程在计算机领域的地位和作用，然后介绍"好好搭搭"网站，包括如何注册、如何获得学习资料、如何使用网站编程，并且帮助同学们在网站上注册，体验性编写一个小脚本。基本熟悉使用后，詹老师带同学们一步一步地制作一个游戏。最后，余老师使用带Arduino板和摇杆的迷宫游戏，让学生体验，让学生大开眼界。这节课比较遗憾的是，虽然这样的机会对同学们来说是难得的，但来听课的同学不是很多，也许是因为临近期末考试，学习比较紧张。

四、跟岗学习喜结硕果，专家引领心存感激

本次跟岗学习，在不断地思维碰撞中，我大开眼界，收获良多。我开始对自己的教学有了反思，对未来的教育教学工作有了新的思路。

一是做好课题选题，论文准备工作。在跟岗学习中我们做了课题研究的选题、开题，并将在跟岗结束后继续努力研究，力求在一年的培训中形成论文，通过完成广东省高中信息技术骨干教师的培训任务，成为一名研究型和发展型的教师。

二是名师的"讲座"，专家引领，使我们开阔了视野，增强了教研意识。如今，通过培训，我们学到了做"研究"的方法，学会了如何逐步走上"教研之道"。而从温老师身上我看到了有心才会有大舞台，才能作出一番事业。做个有心人，就应做到有恒心，有耐心，有信念，有信心；事事潜心，时时细心！

三是学会了对各个项目进行及时总结，学会了整理资料的方法。培训期间，不管是听课、示范课，上常态课与汇报课，都及时组织点评与总结；每项专业"讲座"、外出交流，都在结束前进行集体总结梳理。除了手写文字总结，各位老师每日以教育日志的形式进行个人活动与收获总结。学员们同心协力编辑制作工作简报，图文并茂地呈现每天的精彩内容。

四是提升了教学水平，增强了教师素养。通过集体备课、说课、上课、听课、评课、研读、反思、讨论等环节，比较集中地进行研讨课堂教学，与指导老师、工作室成员和其他学员交流教学的心得，我们在主持人的引领下提升了各自的教学水平。我还在写日志的过程中锻炼了语言组织和文字表达能力等。

在13天的培训中，收获最大的也许并不是培训本身，而是感受到了温老师的人格魅力，还有获得了14位工作室成员、15位学员带来的独特的资源共享平台。我们同甘共苦，我们切磋教艺，我们畅所欲言，我们共建友谊，我们学习着，快乐着，收获着。

重新定位　受益匪浅

——广东省温利英教师工作室跟岗总结

鹤山市纪元中学　易群少

2016年6月13—25日，我有幸来到兴宁一中温利英教师工作室参加了广东省骨干教师省级培训高中信息技术研修班为期13天的跟岗学习。短短的13天，紧张而充实。在温利英老师的悉心安排下，工作室全体成员及跟岗学员有计划、有目的、有次序地开展各项工作，包括开办专家"讲座"、工作室名教师温利英"信息技术骨干教师专业发展探究""讲座"、名师示范课、学员推荐课、评课等。

这次的跟岗学习促使我不断反思，对教育教学工作也有了新的理解，教育教学理念发生变化，对我个人今后的发展起到了积极的作用。

一、目标明确，计划详细

在跟岗学习之前，温老师亲自制订了跟岗学习计划，对诸如学习要求、学习安排，专家"讲座"的安排和布置、各种注意事项等都做了详细的安排，培训中每天每个时间段的计划安排更是翔实具体，很有针对性。

二、提高教学科研能力

1. 提高教学能力

跟岗学习期间，兴宁一中的老师为我们展示了很多节精彩的课程，每一节课均有不同的亮点，内容丰富，针对性强。我们学员也各自上了汇报课。每听一节课，温老师都结合这节课的情况给我们做详尽的分析，如这节课哪些方面做得好，哪些方面还可以怎样处理，哪些方面应注意、应改进。此外，温老师还指定课题和我们一起进行同课异构活动，在百忙之中抽时间深入我们每人1节汇报课的课堂教学活动，并及时地对汇报课进行评释。在温老师的传、帮、带下，我们处理教材、课堂教学设计及处理教学预设和教学生成的能力均有极大地提高。在说课、听课、讲课、评课中，工作室老师也给出了很多明确的指导方法和建议，让我们懂得了怎样做到更好、合理设计教学环节、运用教法学法、研究学情等，让我们进一步明确了应该如何开展有效教学和构建学习型课堂。跟岗学习期间，温利英老师还带领我们去兴宁市实验中学，听了潘永东老师的《图像的合成》一课，课后还组织了评课、座谈活动，受益匪浅。

2. 提高科研能力

在跟岗学习期间，工作室给我们安排了多场不同类型的"讲座"。如，兴宁一中工作室主持人温利英老师做了"信息技术骨干教师专业发展探究"的专题"讲座"，分别从立德树人、技高为师；教学教研，理念引领；课题研究，收获成效三个方面剖析了当前教师专业发展。要成为一名名师要有过硬的教学基本功、高超的教育艺术、较强的教学科研能力、良好的德行成为榜样，起示范作用。然后温老师对教学教研行之有效的方法——教八环节和学八环节进行细化。要求在我们备课时要注重"备"学生，激发学生学习兴趣，引起共鸣。希望我们积极开展课题研究，收获成效。技无止境，学无止境，希望在温老师的带领下，我们能够扬帆前进，收获硕硕。

三、完成跟岗学习任务

（1）听课18节。

（2）汇报课1节（全省范围1节）。

（3）集中评课19次。

（4）完成教学反思1篇。

（5）完成读书笔记1篇。

（6）书写博客13篇。

（7）完成课题"学生个性化高中信息技术教学策略研究"开题。

（8）听专家报告3场。

四、明确了个人专业发展方向

在跟岗学习之后，让我也更加明确了自己的专业发展方向。作为教师，我一定要多研读教育教学的著作，不断积累，勤于思考，敢于实践，做教育教学上真正的思考者和实践者；积极参与公开课的教学活动；珍惜每一次向别人学习的机会，多交流、多讨论，多听课，吸取他人的优点，弥补自己的不足；利用培训的机会，努力向专家、名师学习，使自己的教学方式、方法有更大的进步；把学、思、行、研四者结合起来，形成自己的教学风格，走出自己的教研之路。

总之，这次跟岗学习让我开阔了眼界，无论是聆听"讲座"、观摩上课、互动评课，还是实践锻炼，每一次的学习都带给我思想上的洗礼、心灵的震撼、理念的革新，收获是沉甸甸的，对我的教育教学影响很大。在专业上，我将把跟岗期间学到的知识运用到实际工作中去；工作上，我将重新定位，学习温老师的爱岗敬业、执着追求、奉献教育的精神。

跟岗学习让我深深感受到：作为教师，一定要具有扎实的技术技能，同时要具有丰富的教学经验，只有这样才能在教学中获得成功。今后，我要努力提高自身的素质，不断丰富教学经验，不断地学习新知，提高教育教学水平。

开阔眼界　满怀感激

—— 广东省温利英教师工作室跟岗总结

东莞市虎门第五中学　陈小鲁

2016年6月13日至25日，在广东省教育厅教师继续教育指导中心的安排和部署下，2015年中学信息技术骨干教师省级培训班学员赴梅州学习小组在兴宁一中温利英教师工作室开展了为期13天的跟岗学习。这次跟岗学习，使自己不断地更新着教育教学观念，更新和拓展了学科专业知识，得到了一些收获。

一、充实丰富的活动，真挚满怀的感激

作为一名普通的中学信息技术教师，有机会参加这次培训，充实和完善自己，我自豪，我荣幸。但更多感到的是责任、是压力！回首13天的培训，真是内容丰富，形式多样，效果明显。培训中我们参加了广东省温利英教师工作室的揭牌和开班仪式，和来自省二师的专家、广东省和梅州市的骨干教师欢聚一堂。期间听取了来自省二师计算机系周如旗主任、英特尔未来教育项目组专家丁立教授、工作室主持人温利英老师的专题报告，也观摩了兴宁一中信息技术教师和跟岗学员的示范课堂；我们访问参观了梅州市最优秀的学校：东山中学和兴宁实验学校、沐彬中学、兴民学校等。在跟岗的兴宁一中，我们深入一线课堂，观摩了指导老师和学员们一节又一节的精彩课堂；参加了一次又一次务实的教研活动。参加了学校的课间歌活动，还和兴宁一中的教师进行了精彩激烈的篮球比赛，大大丰富了我们的学习生活。

感恩为我们本次跟岗培训给予关怀和帮助的各级领导和老师，让我们在一中的学习有了家的感觉，我们甚是感激他们无微不至的关怀和帮助。

感谢主持人温利英老师，为我们做了大量而烦琐的前期准备工作，为我们

85

解决兴宁一中跟岗学习的一切学习和生活的问题；感谢和我们并肩努力的兴宁一中的老师们，在跟岗学习的过程中给予我们许多的帮助和支持……感谢梅州学校的同人们，我们所到之处，都充满了无尽的热情和丰硕的收获。

二、我的学习收获

1. 领略百年名校的丰厚底蕴

兴宁市是梅州客家地区文化大市，乃人杰地灵、人文荟萃之所在，兴宁一中更是一所人才辈出、底蕴深厚的百年名校。在兴宁一中里，我们深深领略到学校深厚的文化底蕴和优秀的人文传统，校园宁静并洋溢着书香气息，稳重、儒雅、大气的气质风韵都使我们无时无刻不受熏陶和感染。

2. 在观摩与交流中提升课堂教学实践能力

我们观摩了指导老师和学员们一节又一节的精彩课堂，这让我深深叹服教师们扎实的基本功和驾驭课堂的突出能力。教学中，无论是身体姿态、语言表达、还是教学风度，每位教师都表现得非常出色，主导作用充分发挥，她们的每一个动作，每一句话都在引导学生自主活动中起到画龙点睛的作用。从每位教师的课堂教学中，我们能感受到教师的准备是相当充分的：不仅"备"教材，还"备"学生，从基础知识目标、思想教育目标到能力提升目标，都体现了依托教材、以人为本的教育发展观。每节课，对基本概念和基本技能的处理也都有着精心的设计。从每一位授课教师的教学过程来看，都是经过了精心准备的，都能根据自己学生的知识水平、认知能力设计教学的各个环节，在知识深难度的把握上处理得很好。在教学过程中各位老师在了解基础知识的基础上，提出问题让学生思考，指导学生去归纳、去概括、去总结，让学生先于教师得出结论，从而达到在传授知识的基础上使学生的能力得到培养的目的。同一个问题，不同的教师会从不同的角度，用不同的语言进行阐述，通过精心的教学设计，如知识的引入、合作学习、小组讨论、学生展示、师生互动等，环环相扣，从而取得良好的教学效果。

3. 经常性的评课、议课和教学反思，促进教学能力的提升

开展评课、议课是教师进步和成长的重要手段。就我们学员之间来说，来自省内不同的地市县级区域，各个地方也有不同的教育工作环境，课后，我们会利用评课的时间，互相交流讨论：对教育教学方法的研讨，对提高教学效

果的探讨，对某节课的成功之处与不足的地方的探讨，大家相互学习，取长补短，在真诚和激烈的讨论和交流中，我们得到了思想上、认识上的提升。这些是我们平时在学校里都无法完成的，受益匪浅。

4. 重视开展课题研究，促进教师专业化水平

课题研究是目前许多中小学教师想积极参与却又彷徨无措，处于十分尴尬的境地，大多数中小学教师的科研往往停留在论文或教学设计方面，对于开展课题研究始终是门外汉。通过这次培训，我们在兴宁一中举行开题仪式，通过专家的点拨和指引，学到了很多关于怎样选题、制定方案、进行开题报告及后期研究等方面的知识，也加深了课题研究对教师专业化发展具有巨大的促进作用的认知。

13天时间一晃而过，我们的感触很多，言语已无法表达，更多的是留恋和感激，感谢温利英老师，感谢兴宁一中的领导和全体教师，感谢指导过我们的所有专家，给我们留下了知识，留下了友谊、留下了回忆！。

名师引路　自我提升

——广东省温利英教师工作室跟岗总结

湛江市第十七中学　詹宋强

根据广东省教育厅的要求，我来到了有着浓厚客家文化的梅州兴宁第一中学，进行第二阶段的跟岗学习。我有幸跟随兴宁市信息技术学科标杆级名师温利英老师学习，收获良多。这次跟岗学习的时间共15天，由于已近期末，各个学校的工作和教学任务都比较重，能在百忙中抽时间跟名师学习，机会显得尤其珍贵。

一、进名校拜名师

6月11日我早早就出了门，在组内同学中，我是离兴宁最远的，差不多有九百公里，原来订的机票航班又临时取消，只能改坐汽车。来的路上风雨交加，幸好一路上同学们嘘寒问暖，虽然到达国防大酒店已是晚上十点多，但见到久未谋面的同学感到格外亲切。

第二天，匆匆用过早餐，在温老师的带领下和同学们一起走进百年名校兴宁一中的校门。兴宁一中是广东省一级学校，梅州重点中学，1906年，由辛亥革命元老同盟会嘉应州主盟人兴宁督学何子渊、同盟会龙川主盟人萧惠长创办，至今已有110多年历史，同时还是兴宁新文化运动的摇篮。现有校园占地面积约100亩，校园内各个功能区设置合理，每一个空间都得到了合理的利用，给学生营造的是轻松、愉快的学习环境。兴宁一中办学以来，人才辈出，硕果累累，是一所出名校长、出名师的学校。

13日，广东省温利英教师工作室省级骨干教师跟岗学习正式开班，广东省第二师范学院计算机系主任周如旗教授、广东省第二师范学院广东省骨干教师班主任王增海、兴宁市教育局局长罗丽思、副局长陈春红，兴宁市教师进修学校和兴宁一中的校领导等出席会议，同时出席的还有工作室主持人、工作室成员、16位省级骨干教师。

会上，兴宁一中校长张远明致欢迎辞，周如旗教授做了热情洋溢的发言，罗丽思局长做了重要讲话，要求学员一要端正学习动机，二要加强学习的主动性；要求工作室主持人创新培训模式，为兴宁的教学改革作出新贡献。最后工作室主持人温利英老师做了表态发言。随后领导为工作室成员颁发了聘用证书，兴宁一中校友和书画家分别捐赠字画。最后，工作室牌匾在众领导的红绳牵引下，徐徐揭开帷幕，上午的开班仪式圆满结束。

二、听"讲座"研专著

在跟岗学习期间，我共听了三个专题"讲座"，对骨干教师的成长、对指导我们的教育教学都富有针对性。周如旗教授的"AlphaGo核心技术揭秘与深度学习""讲座"深入浅出地介绍了人工智能的发展技术，AlphaGo所使用的核心技术等内容令我们大开眼界。丁立教授的"信息技术助力教与学""讲座"贴近生活实际，语言幽默。现场与我们分享了织布鸟、草料二维码、为您诵读、足记、彩视、视+AR等一系列实用的APP，把我们平时教学过程中遇到的问题都简单化，用他的话说："这不是在讲技术，这是在玩技术。"的确，我们平时在教学过程中，往往为解决某类技术而烦恼，但丁立教授仅通过一部手机，就把这些技术玩得炉火纯青，看着都似信手拈来，但处处有大家风范。听丁立教授的"讲座"，是一种享受，令人受益匪浅。温利英老师的"中学信息技术骨干教师专业发展研究"专题"讲座"从"立德树人，技高为师""教学教研，理论引领""课题研究，收获成效"三个方面对教师的专业发展进行了很好的探究，让我重新认识到信息技术教师专业发展的内涵：即教师不仅是一种职业，更应发展成为一种专业。而教师的专业发展内容，既包括系统的专业知识，又包括较强的教育教学能力和科研能力。这三个专题"讲座"，让我的教师职业道德水准得到提升，形成了健康的教师心理，培养了团队合作、沟通、交流与分享的意识与能力，提升自己的教师职业幸福感，教育教学水平取得比较大的进步。

跟岗期间，除了听教授、专家的精彩"讲座"，我还认真阅读了《Scratch创意动画设计》等教育教学专著。我觉得，教师同任何人一样，都不会是十全十美的，但各有各的长处，教师在教学上要有专长有特色。仅就课堂教学而言，有的教师知识底子厚，讲授有长处，就着力研究更有吸引力的讲授教学，以渊博的知识吸引学生，练就讲得醉倒学生的本领；有的教师有表演才华，演讲有长处，那就着力打造情感教学，以情为突破口来开启学生的心扉；有的教师善于煽动学生、组织能力强，就多来点探究式的讨论……而我们现在所倡导的是，理念要同新课标同步，方法要创新，提倡多尝试适合学生的活动、讨论、探究的新形式，但这并不意味着全盘否定有生命的传统教法而另起炉灶，并不是抛弃教师的拿手绝活，走马灯似的换方法，而是提倡新旧教法巧妙融合。尤其是在新环境教学中或以后开展的新实验中，要学会嫁接，只有好方法嫁接在自己的长处上，才能真正开新花、结新果。

三、进课堂研教法

在学习过程中，我共听了18节各种类型的公开课：有主持人的公开课，骨干教师的公开课，工作室工作人员的公开课。

新环境，新要求，新教法，同行们每一节公开课，展现的都是一种新的教育思想，一种新的教学理念。特别是主持人温老师的公开课，更是站在教改的前沿。

温利英老师的《多媒体作品集成发布与评价》内容充实，操作性强，重视语基，气氛活跃，更让我觉得自己理论知识的匮乏，我想以后真得像温老师那样认认真真、踏踏实实地静下来读一些有关信息技术教学的理论书籍，结合教学实践，深入地思考一些困惑和问题，将理论学习和实践反思相结合，也许就能开拓一片新的天地。

工作室成员黄文达老师的《Photoshop 色彩的调整》让我学到了许多Photoshop 新的功能。他从展示加工前后的两幅相片入手，充分激发起学生的求知欲望，然后介绍 Photoshop 色彩当中的滤镜、去色、饱和度、色阶、曲线等操作方法，每个操作均配有实例给学生操作。从授课过程来看，黄文达老师的教学基本功是非常扎实的，而且在 Photoshop 方面研究得很深，有很高的艺术素养。他整节课教学内容充实，教学素材选取恰当，教学过程衔接顺畅。但整节课师生之间交流较少，教学案例讲解过多，学生思路基本限定在老师的框架内，学生缺少自主学习。如果能以一个综合的作品贯穿始终，给一定的时间由学生自由创作作品，可能课堂效果更佳。

骨干教师余宇宙《Scratch 入门》一课从播放 Scratch 魔爪营的视频入手，让学生初步了解Scratch的工作界面和基本操作；角色脚本的设置并尝试编写走迷宫游戏，整节课课堂分层合理，氛围浓厚。最后还展示了Scratch在硬件方面的应用，充分点燃了学生的求知欲望，课堂氛围达到了高潮。这节课让我对创客有了新的认识，更加坚定下一阶段要在这方面深入研究的决心。

根据日程安排，温利英教师工作室全体工作人员和省级骨干教师培养对象还分别到兴宁实验学校、梅州东山中学、兴宁沐彬中学、兴宁兴民中学参观、学习、听课、评课。兴宁教育的校园面积大，绿树环绕，环境优美，古色古香，人文历史久远。参观的学校都布局分明，教学区书声琅琅，运动区热火朝天，广场、亭台楼阁点缀其中，可见，兴宁政府和人民是非常重视教育的。

在跟岗学习中，温老师每节课后都组织我们进行评课、议课。大家围绕教学内容、教学重难点、教法学法、教学过程等进行深入的探讨，并且在信息技术的课程标准、新课程理念、教学特色等方面，在创设情境引入，激发学生的学习兴趣，注重学生自主探索等方面广泛交流。研讨是一种很好的学习方式，在研讨中，突现观点，碰撞出智慧的火花。通过研讨活动，大家都会转变成素质优良，能适应社会需求、能促进学生全面发展的高素质信息技术教师。

四、结硕果存感激

本次跟岗学习，我大开眼界，思想受到很大的冲击。"读万卷书不如行万里路，行万里路不如阅人无数，阅人无数不如名师指路。"在和专家学者、温利英老师、骨干教师、工作室成员的思维碰撞中，我开始对自己的教学有了反思，对未来的教育教学工作有了新的思路。

跟岗学习即将结束，但学习和思考不会停止，也不能停止！我将尽最大努力，抓住一切机会，使自己各方面的综合素质得到进一步的提高，努力做一名在教学上有自己特色的教师。争取以良好的人格魅力感染学生，以生动、精彩的授课吸引学生，以扎实、创新的工作态度打动学生，做让自己满意、受学生欢迎的老师。我将不辜负温老师在我跟岗学习期间提供的悉心指导和热情帮助，在今后的工作中努力改善自身，勇敢迎接更多挑战。

2016 年 6 月 25 日于兴宁

第四章

学员论文选集

4

创新课堂教学

◆ 信息技术教育教学模式创新研究 ◆

兴宁市第一中学　王紫苑

信息技术影响到人们工作生活的方方面面，信息技术教育也是高素质人才培养的有机组成部分。不过传统教学模式无法满足信息技术教学的要求。本文简要介绍信息技术教学存在的问题，在此基础上探讨创新信息技术教育教学模式的相关措施。

21世纪以来，信息化技术发展势头迅猛，应用也越来越广泛。信息技术一方面为人们的生产生活提供便利，另一方面也改变了人们的教育以及学习观念。人们不将信息技术等同于基础性的计算机操作，而是将其看作信息搜集以及处理的技术[1]。理念的改变对信息技术教学提出更高的要求，因此，如何创新信息技术教学成为教育领域的一个热点研究内容。

一、信息技术教育教学存在的问题

1. 学生无法合理使用信息技术相关知识

学生对信息技术的了解程度不够，往往都是从兴趣入手开始接触计算机，往往将信息技术等同于聊天以及游戏，从而满足他们的欲望和兴趣，并认为这就是掌握了信息技术。很多学生在上课的时候沉迷于上网以及聊天当中而无法自拔[2]。

2. 对信息技术教学的重视程度不够

当代社会对信息技术的要求领域日益扩大，各行各业都需要精通信息技术的人才，掌握信息技术才可以适应人才市场的要求。我国的应试教育严重妨碍信息技术教育教学的顺利开展。应试教育模式下，教师以及学生都围绕着考试而开展教学与学习，传统教学模式严重影响了师生对信息技术教学的重视程度。无论学校还是家长都对此缺乏科学合理的认识，导致教学过程当中信息技术边缘化。

3. 评价模式不够合理

当前在信息技术教学的过程当中，学生评价仍然沿袭成绩优劣的评定模式[3]，例如，学生在单元教学结束后提交的作业或实训作品好坏是评价的标准。这一评价模式非常单调，无法准确体现学生在信息技术课程当中的成绩与表现，也不能真正激发他们的学习主动性和积极性。除此之外，受应试教育模式的影响，信息技术教学过程当中往往是考试考什么，教师就教什么，教学内容缺乏实用性。

二、信息技术教育教学模式的创新

1. 采取多元化的教学方法

学生的课堂参与程度是新课改当中教学评价的一个关键指标。教师面临的任务是将学生作为主体，构建学生参与平台，活跃课堂讨论气氛，鼓励学生主动发言，从而改进课堂教学效果。教学人员可以从丰富教学方式方法等环节着手，针对学生的不同特点，采取有针对性的教学方法。只有这样才可以让信息教学的课堂变得积极互动[4]。除此之外，教师还可以考虑构建一个内容丰富并且功能强大的教学平台，充分发挥信息技术的指导作用以及交流互动功能。

2. 合理安排教学内容

只有让学生体会到信息技术的价值，才可以激发他们的学习主动性。教师需要合理安排教学内容，并且布置一定的课后练习作业。这是因为合理布置练习作业，有利于加深学生的印象，确保他们掌握所学的内容。具体来说，布置练习作业的时候需要确保作业内容的多样性，一方面可以设置选择题、简答题或者是填空题等知识题型，另一方面也可以添加操作方面的题目，比如让学生制作个人简历、编辑Excel表格等。换言之，教师应当通过合理安排教学内容来调动学生学习信息技术知识的热情。

3. 优化设计课堂教学

当前阶段信息技术在课程安排方面往往无法顺利完成正常的教学任务，因此，教师需要严格控制好课堂教学的内容，一方面需要保证课堂教学的内容充实，另一方面也要恰当增加教学课程的密度以及难度，还应当从整体上把握教材的知识点，从而作出取舍。既让学生能够全面把握教材知识，也可以充分利用有限的课堂教学时间，提高教学内容的实效性以及可操作性。在课堂教学的过程当中，教师还需要兼顾各个层次学生的需求，关注他们的不同发展方向，切实做到因材施教。

4. 重视实践操作教学

信息技术教学的一个典型特征就是有着显著的操作性。因此，要想创新信息技术教育教学的模式，需要高度重视操作教学，并做好实践教学的管理。这就需要教师严格根据计划布置实践操作教学的内容。首先是基本操作环节。这一环节主要是对学生提供基础操作训练。所以教师需要有目的、有计划地开展训练。信息技术的教师可以为学生提供示范，对学生的操作要求需要一丝不苟，从而确保学生熟悉基础操作。其次是综合练习环节。这一环节学生实践操作的内容比较多，主要目的是巩固学生的基本功。教师需要在学生上机操作的时候，不断进行观察，及时发现其中存在的问题，通过个别纠正或者是集体指导的模式来进行讲解。再次是独立操作环节。通过这个环节的教学，可以让学生的操作技能达到熟练水平，基本上可以根据教学任务完成独立操作。最后是技术考核环节。这个环节指的是在学生实践操作结束之后开展的考核，借助于考核对学生进行综合性的评价。

综上所述，信息技术改进了人们的工作效率以及生活质量，信息技术处理能力成为人们工作生活需要掌握的基本技能。这就需要在分析当前信息技术教学模式问题的前提下，将教学主题作为指导，综合采用多种教学方法，从而不断提高信息技术教学的质量，为社会培养高素质的信息人才。

参考文献

［1］杨健春.中学信息技术教学模式的构建与创新［J］.学周刊，2015，12
（10）：138.

［2］周爱红.浅析多媒体网络环境下的信息技术教学模式［J］.中国石油大学胜利学院学报，2014，11（3）：91-92.

［3］黄盼，何仁生.网络环境下创新教学模式的构建与应用［J］.现代教育技术，2015，15（9）：91.

［4］杨晓燕，曾霞霞，陈辉.课程网络化教学模式的研究与实践［J］.科技创新导报，2014，6（1）：207.

◆◆ 中学微课制作技巧探析 ◆◆

兴宁市第一中学　温利英

　　微课作为信息时代通信技术支持下的新型教学模式，已经成功走进了广大中学的教育体系当中。与传统的课堂相比，微课对于知识点的深入程度，以及对学习模式的解读层次，都具有相当的优势。本文首先介绍了微课的基本特征，并详细分析了微课制作中所应用到的各项技术，包括在制作过程中需要注意的问题等，希望能够为中学微课的制作提供一些有益的参考。

　　受到信息时代通信技术飞速发展的影响，即时的视频连接和视频通信开始普及，各种以视频为基础的信息传播方式蓬勃发展，如通信软件、视频浏览等。笔者认为，如果可以善加利用这种信息传播方式，使教学也能够以视频的形式来呈现，那么不仅可以改变传统教学效率低下的问题，也使教学从课堂延伸到了学生身边，为学生提供贴合性强、自由度大的学习新模式。在此背景之下，微课应运而生。微课就是可视化教学的简称，是以标准教学设计思想为基础，针对常见的教学知识点，使用多媒体技术来制作和编辑一个讲解类的短视频。微课的时长通常为8分钟左右，能够把一个传统教学中的难点或重点进行全面而系统的深入讲解，大大提高了学生的学习效率。

一、微课基本特征

1. 时长较短

　　顾名思义，微课之所以被称为"微"，就是因为其时长较短。特别是与传统教学中一堂课45分钟的时长相比，长则8～10分钟，短则不到3分钟的微课更像是短暂的课间休息。微课长度建议不要超过8分钟。因而时长较短并不是微课的缺陷，而是故意为之。根据研究表明，人的注意力高度集中的时间通常为5～8分钟，微课的时长正好与之对应。因此，微课在重点和难点解答上，一定会有比传统课堂更加出色的效果。

2. 内容精练

既然时长必须限制在较短的范围内，那么所要讲授的内容必须十分精练，才能充分利用课上的每一秒。在传统课堂上，教师在讲授一个知识点时经常需要做好铺垫，还要为其与下一个知识点之间的联系进行说明。在微课上，这些步骤都要省略，教师单刀直入打开话题，言语简单明了地对本课所要分析的问题进行快速介绍，然后一口气将分析过程讲解出来。

二、微课制作技术

微课的传播载体是视频，那么在制作的过程中就需要使用视频录制、编辑软件。要进行屏幕录像的，笔者在这里推荐Camtasia Studio（中文名字是喀秋莎）、屏幕录像专家等；只进行视频后期处理的，这里推荐Corel Video Studio（会声会影）、快剪辑等，它们都具有普通视频编辑软件所具有的视频编辑和录制、后期剪接和配音等功能，另外还可以直接在屏幕上添加旁白、字幕和注释，极大地方便了视频的制作工作。

1. 视频拍摄

微课制作的第一步是拍摄视频，由于智能手机发展迅速，且具有操作简便、画质清晰的优点，因此，很多微课视频都是使用手机进行拍摄的。如果条件允许，还可以选择更好一些的器材，如数码相机、平板电脑，甚至是专业的摄像机，具体选择什么要根据实际情况来决定。只需要保证视频的画面清楚、没有外来的噪声和光源干扰，突出主要对象即可。

2. 视频编辑

视频拍摄完成之后就可以进行编辑了，在开始编辑工作之前，如果发现拍摄出来的视频格式与喀秋莎软件支持的格式不符合，就需要先使用转换工具将视频的格式转化一下，如格式工厂、万能视频格式转换器材、豪杰解霸等都可以做到。转化完成后，就可以使用喀秋莎、会声会影、快剪辑等软件对视频进行编辑，先将视频嵌入时间轴，为后续的切割、拼接等编辑工作提供精准操作的基础。需要注意的是，视频与音频应当分开编辑，特别是一些录制现场有噪声干扰的视频，一定要使用专业设备将声音过滤分离，然后再用喀秋莎等进行配音。

3. 录制屏幕

屏幕录制是微课制作中的一项比较重要的技术，因为在很多的微课拍摄中经常会出现其他多媒体设备，如教师自己制作的课件或投影仪等，如果直接进行拍摄就会发现这些设备的表现效果十分模糊。这时就需要使用喀秋莎或屏幕录像专家屏幕录制功能，将这些内容进行动态录制，然后在后期编辑中加入视频当中，保证视频整体的清晰流畅。另外，屏幕录制功能还可以实现艺术效果的添加，如一段恰当的背景音乐，或者给画面中的人物加上特效字体等，可以给视频增添几分趣味。

三、微课制作技巧

1. 短小精悍，完整有序

微课的时长虽然远远短于普通课堂，但是其内容绝对不能偷工减料，反而更要有"干货"。微课之所以简短，是因为舍去了普通课堂中的铺垫和释义，采取快速准确的表达方式来将知识点进行剖析，末尾还要对整个课堂进行一个总结。如果学生是第一次观看类似的微课视频，大部分都会有明显的不适应感，如常见的反应就是听不懂。如果这种情况发生在普通课堂上，那么教师必须花费相当多的时间去解释知识点中的每一个细节，保证每个学生都能听懂；而在微课中，虽然释义的时间被省去，但是学生可以采用暂停或者回放的方法来实现知识的消化吸收，其教学效果丝毫不差。

2. 直奔主题，语言凝练

由于时长的限制，很多教师常用的铺垫在微课中就显得多余了。因此，教师在制作微课时，首先要做到开门见山、直奔主题，将本次课堂将要讲授的内容进行一次快速的概括。而且语言一定要凝练，尽量做到"字字珠玑，句句金玉"，有效利用每一秒，使每一句话都充分发挥出传递知识的作用。

3. 板书简洁，节奏明确

板书在课堂中是必不可少的一项内容，很多教师都十分擅长利用板书来配合教学工作。但是在微课中，考虑到时长以及画面大小的限制，板书必须做到十分简洁，要起到画龙点睛的效果，与教师的讲解相得益彰。另外，教师的讲解不能一味追求快速，应当把握好节奏，在需要节省时间的时候一定要快；在该详细讲解的地方一定要慢下来，有节奏才能保证微课视频的质量。

总之，微课其实并没有想象中的那么神秘和复杂，它与我们日常生活中所接触到的短视频并没有本质的区别。我们只是利用它来进行教学内容的表达，将传递知识的教学手段变得更符合新时代学生心理。微课并不能取代普通课堂，它应当作为正常教学的辅助，使学生能够更加全面深入地把握知识重点，提高学习效率。

参考文献

［1］黎加厚.微课的含义与发展［J］.中小学信息技术教育，2013（4）：
　　 10-12.

［2］焦建利.微课及其应用与影响［J］.中小学信息技术教育，2013（4）：
　　 13-14.

◆◆ 创设新颖的主题教学　打造信息技术高效课堂 ◆◆

东莞市石龙第二中学　张志强

信息技术在初中是一门新兴的学科。学生的日常生活与信息技术有着密切的关系，他们非常喜欢使用计算机来上网、查找资料、玩游戏等，但是只有部分学生喜欢信息技术课程所设置的教学内容。作为一线老师，我们该怎么让所有学生都喜欢上信息技术课呢？本文就是将自己多年来在信息技术课堂教学的实践中，探究出来的一套关于创设"新颖"的主题环境进行教学，引导学生学习信息技术操作技能，且受到学生喜爱，已取得一些不错的课堂效果，实现了信息技术高效课堂的内容展示出来。下面就把一些做法写下来与各位同行交流。

一、现状分析

信息技术课堂教学面临的困境来自以下三个方面：一是信息技术课程内容本身安排比较抽象、乏味。对学生课本的大部分内容兴趣比较缺乏，造成老师教学上的被动，从而导致信息技术课堂教学效果不好。二是信息技术的有些课程内容设计过难，不符合学生的心理认知，学生很难接受这些新知识。所以老师在教学中只能唱"独角戏",只能进行"填鸭"式地教学,学生根本就没有回应。三是信息技术在初中是一门新兴的学科。学生的日常生活与信息技术有着密切的关系,他们非常喜欢使用计算机来上网、查找资料、玩游戏等,但是学生对于信息技术课程所设置的教学内容学习兴趣不高,何况有些内容即使学了平时也不怎么使用,或者根本就不使用。此外,学生的信息技术水平差异非常大,如果信息技术课堂教学还是枯燥乏味,水平差的学生就根本没有一点兴趣听老师讲课。

常用的信息技术教学方法有任务驱动法、分层教学法、小组协作法等。如果老师很简单地应用这些教学方法进行教学,如选择一个普通、枯燥的题目来表达任务,然后用这一任务作为驱动进行教学;或者说对每一个操作先进行演示,然后让学生跟着老师的演示进行模仿练习,而没有创设一个"新颖"的主题环境进行教学的话,学生学习的兴趣不会大,学习新知识的动力也就没有,课堂教学效果就会大打折扣。这样也根本谈不上培养学生的信息技术创新能力及提高学生的信息素养。

二、概念解释

什么是新颖?新颖是指植物刚发出的小芽,比喻新鲜、别致,有创新感。本文的新颖是指根据课程内容的需要,把目前一些新的元素或流行的元素与信息技术课程内容设计融合起来,创设学生喜欢的新颖的主题教学环境。

什么是主题教学?主题教学是指根据课程内容的需要,在设计一章或一节教学内容时,创设一个主题环境进行教学。

什么是高效课堂?本人认为即是在同样一节课的时间内取得更好的教学效果,也就是让更多的学生掌握更多的知识,学会更多的操作和应用。

三、研究设计

在进行新的一章教学时,先要认真阅读课本教学内容、教学目标,然后把要教学的内容综合起来,找到一个切入点,选择一个比较新的元素或者流行的元素并将其与课本教学内容融合起来,创设一个新颖的主题教学,让学生非常主动地学习。创设新颖的主题教学环境,可以结合某一节教学内容或结合某一章教学内容。例如,在讲解初中信息技术八年级上册第一章"图像的处理"

时，本人选择了多个新颖的主题进行教学；在讲解初中信息技术八年级上册第二章"制作多媒体演示文稿"时，本人创设了一个以设计"愤怒的小鸟"模拟版游戏为主题的教学内容，且使其贯通整章课本内容教学。因为对于"愤怒的小鸟"这个游戏，学生非常熟悉和喜欢，而这个游戏也非常流行，所以创设这样的主题教学，学生的学习兴趣高涨，他们会认真听课，也会非常努力地完成任务，从而掌握相关的操作技能。具体教学设计以表1进行简要说明。

表1　初中信息技术八年级上册各章节创设相关主题简要说明表

年级	章	主要教学内容	节	所选主题	主题任务	备注
八年级上册	第一章 图像的处理	学习Photoshop软件基本操作和利用该软件进行简单图像处理及创作	第一节　图像的获取	制作"阿凡达"人	从阿凡达图像中，选取"阿凡达"人与教学目标	
			第二节　精彩纷呈的图像处理	制作"阿凡达"电影宣传平面广告	与图像处理的相关操作融合起来	
			第三节　奇妙的图层	制作"鸣人"	完成"鸣人"的制作，及"鸣人"的变身过程等	通过这样的任务把图层的概念融合起来
			第四节　风格迥异的文字	制作"阿凡达"文字	通过制作"阿凡达"文字，将其与文字特效制作融合起来	
			第五节　别具一格的手绘效果	绘制"愤怒的小鸟"游戏中的小鸟	把绘制"愤怒的小鸟"与掌握画笔、钢笔工具使用融合起来	提高学生兴趣，简化画笔、钢笔等工具的使用难度
	第二章 多媒体处理	掌握声音和视频的处理及加工技术	第一节　声音的获取与加工	制作"北京欢迎你"	请班上同学利用麦克风进行现场录音，然后使用录音素材进行声音的加工	把声音的制作与音乐制作处理相结合

续 表

年级	章	主要教学内容	节	所选主题	主题任务	备注
八年级上册	第二章 多媒体处理	掌握声音和视频的处理及加工技术	第二节 视频的获取与加工	制作"我们的纪念册"	以学生在军训时的真实写照,学习视频的制作与加工,完成"我们的纪念册"	为我们青春留下纪念,学生热情高涨,简化了学习视频制作软件的难度
	第三章 制作多媒体演示文稿	本章主要掌握powerpoint软件基本操作,能独立制作一份多媒体演示文稿	第一节 筹划一份演示文稿	设计"愤怒的小鸟"游戏的模拟版	将这样一个主题与教学目标融合起来	这样一个新颖的主题把枯燥的学习提升到新的位置
			第二节 添加演示文稿内容	设计"愤怒的小鸟"游戏的模拟版	添加"愤怒的小鸟"的文字和游戏元素	把主题与给文稿添加多媒体元素结合起来
			第三节 设置演示文稿的放映效果	设计"愤怒的小鸟"游戏的模拟版	设置"愤怒的小鸟"游戏的跳转及小鸟的简单动作	将这样的任务与文稿的放映效果和自定义动画等内容结合起来
			第四节 发布演示文稿	设计"愤怒的小鸟"游戏的模拟版	发布"愤怒的小鸟"游戏的模拟版	结合文稿发布一些操作
			第五节 综合活动:制作多媒体演示作品	设计"愤怒的小鸟"游戏的模拟版	对整个"愤怒的小鸟"游戏模拟版进行修改,增加个性化元素	结合文稿的基本操作,灵活掌握文稿制作软件的使用

四、研究过程

为了对应用新颖主题教学可切实提高课堂效率进行验证和调查,我将所教学的12个班根据不同水平分成两组,每组6个班,一组采取普通主题进行教学,一组采取新颖主题进行教学及实验研究,把课堂情况和课堂完成任务情况做了对比。实验具体情况统计如表2所示。

表2　同一教学课题新颖主题教学对比普通主题教学课堂情况统计表

项目	第一组（6个班）	第二组（6个班）
主题	绘制"亚运会"会徽	绘制"愤怒的小鸟"
人数	平均50人	平均50人
教学采用手段	广播演示，灌输式教学	创设新颖的主题学习环境，引导学生主动学习
学生学习态度	一般	热情高涨，主动学习
教师讲授的时间	平均23分钟	平均15分钟
完成任务的时间	平均14分钟	平均21分钟
完成任务的质量	一般	比较理想
上交任务的数量	40%左右（20人）	90%左右（45人）
任务的创意程度	18%	45%
技术的掌握程度	70%（平均）	94%（平均）
技术的掌握比例	70%（35人）	94%（47人）
后续技能运用比例	16%（8人）	76%（38人）
能把技术进行应用比例	20%（10人）	80%（40人）

为了更好地探究新颖的主题教学所带来的课堂效果，根据每个班同学中都会有信息技术水平差的学生和水平高的学生这种情况，进行实验对比。第一，在新颖主题教学班，对于同一个教学主题下水平差的学生和水平高的学生课堂情况做对比；第二，在普通主题教学班，对于同一个教学主题下水平差的学生和水平高的学生课堂情况做对比。实验具体情况对比分别如表3和表4所示。

表3　在普通主题教学班，水平差的学生和水平高的学生课堂实验情况统计表

项目	第一组（6个班）	
主题	绘制"亚运会"会徽	
相对水平	差	高
人数	10人	10人
教学采用手段	广播演示，灌输式教学	
学生学习态度	根本就不听课	一般
教师讲授的时间	平均30分钟	平均20分钟
完成任务的时间	平均22分钟	平均13分钟

续 表

项目	第一组（6个班）	
完成任务的质量	差	一般
上交任务的数量	10%左右（1人）	60%左右（6人）
任务的创意程度	0%	25%
技术的掌握程度	25%（平均）	96%（平均）
技术的掌握比例	10%（1人）	60%（6人）
后续技能运用比例	0%（0人）	2%（2人）
能把技术进行应用比例	0%（0人）	2%（2人）

表4　在新颖主题教学班，水平差的学生和水平高的学生课堂实验情况统计表

项目	第一组（6个班）	
主题	绘制"愤怒的小鸟"	
相对水平	差	高
人数	10人	10人
教学采用手段	广播演示，灌输式教学	创设新颖的主题学习环境，引导学生主动学习
学生学习态度	热情高涨，主动学习	热情高涨，主动学习
教师讲授的时间	平均16分钟	平均10分钟
完成任务的时间	平均20分钟	平均15分钟
完成任务的质量	比较理想	非常理想
上交任务的数量	80%左右（8人）	100%左右（10人）
任务的创意程度	40%	65%
技术的掌握程度	85%（平均）	90%（平均）
技术的掌握比例	80%（8人）	100%（10人）
后续技能运用比例	50%（5人）	90%（9人）
能把技术进行应用比例	50%（5人）	90%（9人）

五、研究结果

从开始创设新颖的主题进行信息技术教学以来，与普通主题教学相比，学生学习信息技术的兴趣大增，热情高涨，课堂纪律良好，综合活动参与的学生

增多，创作的作品增多，学生成绩大踏步前进等。具体研究实验情况统计如表5所示。

表5　普通主题和新颖主题教学班总体实验情况统计表

项目	第一组（6个班）	第二组（6个班）
各班人数	50人	50人
主题	普通	新颖
学生学习态度	一般	非常主动
课堂纪律	一般	优秀
综合活动参与比例	26%（班）	70%（班）
作品完成数量	26%（班）	70%（班）
作品完成的质量	一般	良好
作品的创意程度	一般	良好
期末考试成绩（平均分）	58.5分	69分
期末考试成绩（合格率）	54%（各班平均）	82%（各班平均）
期末考试成绩（优秀率）	5%（各班平均）	40%（各班平均）

六、结果分析

以上研究结果表明，信息技术作为一门新兴的学科，根据它本身的属性和特点，完全可以把一些新的元素或流行的元素加入我们日常的教学中，这样更加符合中学生学习和认知的特点，对学生更好地掌握信息技术操作技能和提高学生信息技术素养，培养学生创新能力有非常大的帮助。

去年，在江苏省南京市东卢中学听史正红老师的化学课时，史老师也把现实当中一些前沿的问题与教材结合起来，学生非常认真地听老师讲课，因为学生想弄清楚其中的原因。据武汉晚报报道，在武汉市第十一中学有一位相当有个性的物理女教师朱丽琨。日本大地震时，朱丽琨结合课本上的核物理一章，在课堂上展示了一场脱口秀；在讲摩擦力时，她带学生到学校练功房，自己亲自表演迈克尔·杰克逊的"太空舞"，让学生体会摩擦的作用。朱老师采取这样的上课方式，也就是结合课本教学内容创设出新颖的主题教学，体现在采用不一样的教学方式，吸引学生注意，从而赢得学生喜欢，打造高效的课堂。

因此，我们在日常教学中，要大胆地创新，大胆地尝试，根据教学内容创设新颖的主题进行教学，打造信息技术高效课堂。

七、结语

创设新颖的主题教学时不要一成不变，要不断地创新，要大胆地设想，要不断地尝试，要保持与时俱进。最后，希望各位同行、专家能创设出更加"新颖"的主题进行教学，打造高效的信息技术课堂。

参考文献

［1］黄振余.信息技术新课程教学的文化主题性实施策略［M］.海南：海南出版社，2006.

［2］吴江蓉.浅谈如何打造高效能信息技术课堂教学［J］.甘肃科技，2009（22）.

◆◆ 小组合作学习在初中信息技术课堂的研究 ◆◆

湛江市第十七中学　詹宋强

任何一个学科的教学要想取得成功，除了要求教师具备扎实的专业知识外，更需要激发学生自主、合作学习的热情。班级作为一个团队，有着共同的学习任务，在信息技术课中通过小组合作学习的模式，能让学生在课堂中既学到必要的知识技能，又培养小组成员的表达能力、创新能力和团队协作意识。本文针对如何在初中信息技术课堂中开展小组合作学习进行探讨。

现代初中信息技术课程已经延伸，不仅注重理论学习，而且开始注重培养学生的实践性操作学习，所以需要发挥学生的自主性、自发性。小组合作学习是一种有效的学习方式，主要内容是在课堂上让学生变成主导，老师变成辅导，让学生有兴趣主动参与学习、探讨课程内容，并且激发身边同学的积极性，促进共同发展。所以，现代信息技术课程以小组合作学习为主的模式，是新课改下改变学生机械化学习方式的有效措施。

一、小组合作学习在信息技术课程中的应用意义

1. 实践性高

信息技术课不同于其他课程，理论性没有那么强，所以，老师需要备课，总结归纳知识点，然后将知识点传授给学生。但是，信息技术课是理论与实践相结合的科目，大部分时间需要学生自己操作来巩固所学到的技能。结合小组合作学习，学生可以和组内成员探讨实际应用中遇到的难题与出现的错误，发挥组内成员的长处，弥补单独学习的不足，相互帮助学习，共同提高学习成绩。

2. 增强小组成员感情

很多学生只注重学习却不注重人际交往，导致出现只会"读死书"的现象，但是信息技术课程理论知识少，实际操作知识多，其他科目学习成绩好的同学信息技术能力却不一定强。通过小组合作学习，可以增强组内的凝聚力，并且同龄人之间没有隔阂，很容易产生话题，让信息技术实操扎实的同学帮助实操差的同学，从而使彼此之间形成一个平等的交流方式，会大大增强同学间的感情，也能加强他们的人际交往能力。

3. 减轻老师压力

理论知识强的课程老师需要天天备课，熟悉理论内涵，但是信息技术课程的操作性强，小组合作学习，类似现在较为热门的"翻转课堂""微课"等教学模式，要求学生在课前先观看视频，自己不懂的小组内互学，小组解决不了的老师再进行解答，形成"老师—学生—学生—老师"的良好互动，由此减轻了老师授课的压力。通过小组合作学习，组员间相互探讨、总结疑难点，一起询问老师，也可高效地解答学生的疑问。

二、小组合作学习的实施方法

在课堂教学中，实施小组合作学习模式，要求教师创设一个主动参与、全员参与、差异参与的氛围，实行集中学习、小组学习和个体学习的交替，更加注重突出学生的主体地位。总体而言，教学设计可以按以下步骤实施。

1. 摸透教材

教师在授课之前应该了解教材的重难点，了解学生的现有知识水平，策划好分组活动的目的、形式、内容、素材及操作所涉及的软件。如在讲授《声音

的采集与处理》一课时，因为大多数学生已掌握如何从网络或光盘获取声音素材，所以这些可以简单略过，教师要侧重让学生经历简单的声音处理过程，体验获取与处理声音带来的乐趣。在教学中，教师应充分利用学生的生活资源、感兴趣的题材组织学生学习，激发学生学习本节课的热情。

2. 熟悉学生

尽可能熟悉学生的能力、爱好和性格特点等，这也是做好科学分组的前提。由于信息技术课中教师与学生的课堂接触时间少，因此，要充分了解学生，就要利用课外的空间。比如，我在上七年级的课时，开始两周基本不授课，一是印发学生调查问卷以了解学生的计算机水平，二是在课堂中让学生介绍自己的爱好、特长，三是以班级为单位建立班级QQ群，在与学生的聊天中熟悉学生，为后续的分组奠定基础。

3. 科学分组

小组应尽可能小，以每组5~6人为宜，教师先确定小组组长，组长是小组的"领头羊"，需要有很强的领导能力和操作能力。组内的成员由组长和组员双向选择，小组成员能力有高有低，形成互补性。组内要保证人人当"领导"，人人有事做。如我在小组中设置了组长、副组长、学习委员、纪律委员、文体委员、卫生委员等，各人职务由小组讨论决定。组员之间要组建学习对子，对子间要达到相辅相成、共同成长的效果。在多年的实践中，我发现一些所谓的调皮生、学困生的计算机操作能力很强，我尝试让他们做小组的学习委员，只要加以适当引导，这些学生往往会成为老师的得力助手。

此外，机房的布局也很重要，现在的直列式、横列式非常不适合小组合作学习，最好能按环岛式摆放，这样组内、组间成员走动方便，更有利于互相交流学习。

4. 激励学生讲课

信息技术课程的实操性要高于理论性，并且现代化媒体发展迅猛，很多学生从小就接触计算机，大多数学生也都有一定的计算机操作基础，所以，可以开展"学生课堂"，增强课堂的完整性。这种方式是国外的主流教学模式，让学生讲课，使他们变成课堂的主角，从而增加课堂的趣味性，加深同学印象。比如，在讲授《筹划班级网站》一课时，我先将导学案发给学生，并将"设计内容结构""版面的布局""版面色彩的运用与美化""网页制作工具的使用"等任务分给各个小组，由小组长组织组内成员学习，制订讲课方案。在讲课的过程中，组内成员可以互相补充，组外成员可以质疑提问，必要时教师可以加入探讨、指导。在这种教学模式下，所有学生都能积极投入讨论学习中，既增强了小组的团队合作水平，又锻炼了个人的表达能力。

5. 定期换组

一个小组存在时间太久，就会有很强的凝聚力，也会排斥其他小组，竞争性不强，不利于小组长期发展，所以需要定期更换组员。组员的更换可以两个月一换，由科代表在上课前分派好，也不要固定座位，因为学生们在平时上课时有距离感，通过轮流换组的方式，同学们可以发现每个组的特点与不同，学习到多方面的知识，同时还能促进班级的整体凝聚力，增进同学之间的互动，让以前交流少的同学有更多的交流机会。

6. 创新教学方式

互联网的飞速发展创造了很多神话，也给传统教育带来极大的冲击。网络教学的便捷、高效催生了一大批网络教学平台，也触发了如"翻转课堂""微课""MOOCs"等课堂教学模式改革的浪潮，将这类模式结合到小组合作学习中去，会使课堂变得更有效。比如，在讲授《认识计算机程序》时，我将课堂的导学案、"为什么要学习编程"视频、"认识Scratch编程工具""Scratch 编程实例——走迷宫"等资料上传到班级QQ群中，让学生在家观看，如遇到不明白的地方可以在班级QQ群中讨论、求助或者在网络中搜索，这种新颖的教学方式很受学生欢迎。

7. 有效的评价机制

信息技术课经常要小组合作完成一些作品，如在学习用Word软件创作校园报刊、用Excel处理数据、制作班级网站时。这些作品不论优劣，都是学生或小组的成果，教师要尽可能提供平台给学生展示，不断增强小组创作的动力。对作品的评价要做到多元化，可以是小组自评、小组互评、教师评价按一定比例构成。教师对小组的评价要考虑小组的学习态度、小组的团结协作因素，并对学生的努力多加肯定，不要一味强调谁做得最好。比如，在讲授《创作的校园报刊》时，我把小组提交的作品放到QQ群中，规定小组自评占30%，小组互评占40%。为体现公平性，我利用QQ群内的投票功能让学生对小组作品进行投票排名，作品得分按名次计。最后，选出的优秀作品可以放到校园网站上展示，从而激发小组的创作热情。

三、小组合作学习注意事项

1. 教师要做好角色转变

在课堂教学中，教师不要强迫学生按照自己预先设计的线路走，小组合作学习本身就是一种开放的课堂，教师要鼓励学生大胆质疑，教师要主动参与到学生的合作中去。教师既是小组的成员，也是小组的引路人，随时为小组解决各种疑难杂症，必要时可以把握小组讨论的方向。甚至有些知识学生学得更深入，比如，在讲"XP操作系统"知识时，学生提到了黑客方面的知识，而这些知识本身就是操作系统知识的延伸。

2. 要注意小组成员的参与度

在课堂中，总会有个别学生不愿意主动参与到小组学习或操作中，而把自己置身于小组之外。要想提高学生的参与度，教师首先要在教学设计上多花心思，以学生感兴趣的事物为驱动力。比如，在讲授《声音的采集与处理》一课中，可以用制作懒人起床的闹钟铃声为切入点，一开始就吸引学生的注意力。其次要让小组长多关心这类学生，让其感受到集体的温暖和课堂的趣味性，从而主动参与到小组学习中来。

3. 要做好领头羊的培养

小组合作学习的成败，关键在领头羊。小组的领头羊必须是有很强的计算机知识，有很强的组织、协调能力，且在组内有一定威信的人。因此，教师在课余时间要重视对小组长的培训，要让小组长知道干什么、怎么干。如怎样进行预习检查，怎样组织讨论，怎样提问同学，怎样指挥操作，怎样领导小组协作互助和维持小组的秩序等。

四、结语

随着计算机的不断更新换代，信息技术的学习内容也越来越深入，并且实操性越来越强，初中生正处于接受新鲜事物的黄金阶段，需要用特别的方式提升他们的兴趣。小组合作学习的模式非常适用于信息技术课程的教学，它有效地促进了小组成员的合作发展，让学生在有趣味的环境中学习知识，从而可以提高课堂质量。但是在授课过程中，针对小组合作学习如何有效地开展，还需要任课教师的创新和能力。

参考文献

[1] 曹晓明.初中信息技术教学中小组合作学习的策略研究 [D].长春：东北师范大学，2012.

[2] 李悦.信息技术环境下初中化学小组合作学习实施策略的研究与实践 [D].长春：东北师范大学，2012.

[3] 郭莹.小组合作学习在初中信息技术教学中的应用 [J].中小学电教（下半月），2015（07）.

[4] 周长海.小组合作学习策略在初中信息技术教学中的应用 [J].新课程导学，2014（23）.

[5] 亓振红.信息技术教学中"激趣导学、合作学习"教学模式的构建与应用 [D].长春：山东师范大学，2014.

❖❖ 虚拟仿真实验在高中化学实验教学中的应用 ❖❖

兴宁市第一中学　罗思涛

化学实验是化学教学中的重点部分。随着计算机技术的快速发展，虚拟仿真实验逐渐被融入教学环境中，成为广受学生和教师欢迎的新型教育技术手段。本文将对虚拟实验在高中化学实验教学中的应用情况进行相关探究。

化学是一门以实验为基础的学科，化学实验则是进行化学学习与化学科学探究的基本方式。《新课标》将原来化学实验中的演示实验和学生实验进行融合，使它们成为一个有机的整体，不再被单独列出[1]。

虚拟实验的核心是对计算机技术的应用，即通过对计算机图形、图像技术，虚拟现实技术以及仿真技术的有效结合，创建一种较为逼真的实验环境，然后，实验操作者可在这个虚拟的实验环境中通过一些必要的实验设备对虚拟物体进行实验，以收获实验体验。由于化学实验的特殊性，中学化学实验课教学很大程度上存在缺乏实验设备、实验仪器、实验材料以及存在化学实验安全隐患等问题，这严重影响了中学化学实验课的教学质量[2]。如今，将虚拟实验系统引入中学化学课程教学已经成为一个发展趋势，这将更好地实现高中化学教学的中探究性教学。

一、虚拟仿真实验的特点与功能

1. 避免符号实验

仿真实验中提供的器材和元器件具备较高的仿真度，可避免符号实验。各项操作与实际实验相符，可满足学生对实验正确操作和实验现象观察的需求，避免穿插计算机的操作模式。

2. 实现实验过程的智能化操作

所有仿真实验一律不采用下一步、下一页的固定模式操作，而是完全让学生自由搭建环境，做到可调参数，可让学生积极地参与、自主地操作，去探索、去发现、去建构知识，可有效地组织学生自主学习，培养其科学探究能力，为学生提供一个探究式实验操作平台。

3. 注意要点

虚拟仿真实验还引入错误结果，让学生真正了解实验的过程，以及实验中需要注意的要点。例如，发生操作错误时，会出现仪器损坏甚至发生爆炸等提示，实验将不得继续进行。实验设计引入误差，测量结果允许一定的误差存在而不会被固定程序修正，符合操作实际情况，也便于从中发现问题[3]。

二、中学化学虚拟实验的设计目标

中学化学实验的主要教学目标就是帮助学生进一步掌握化学的研究方法和研究技能，学生可以通过对实验过程的观察来更深一步掌握化学知识，而且也能通过实验的操作提高学生的动手能力。所以，中学化学虚拟实验就是结合化学实验课程的基本要求，辅助化学实验教学，促进学生掌握化学知识和学习并加强化学学习各方面的动手能力。

中学化学虚拟实验的设计目标有：学生通过化学虚拟实验的学习，可以对化学实验的实验目的、实验方法以及实验原理有所了解，从概念上对化学实验中新物质的制取原理和方法有更深一步的认识；学生通过化学虚拟实验的学习和实践操作，可以对化学实验中实验仪器的连接方法和实验药品有所掌握；学生通过对化学虚拟实验实验过程的观察和分析，可以对化学知识有进一步的掌握；学生通过对化学虚拟实验操作的反复练习，可以提高分析问题和解决问题的能力，同时也提高动手能力[4]。

三、虚拟仿真实验在高中化学实验教学中的作用

传统的化学实验教学由于条件受限，许多化学实验难以开设，极大地限制了学生对"高能耗、高成本、高危险、高污染"四"高"化学实验的学习及操作。如果我们将虚拟仿真技术应用到传统化学实验教学中，不仅可以以三维立体模拟实验室代替传统的实验室，进行超越传统实物的实验，使微观实验、危险性实验、高成本实验等成为可能，也可以对实验对象进行无限制、多样式的重复操作，极大地降低了财力、物力、人力的损耗，还可进行人机交互操作训练，将先进的计算机技术融入化学实验中，提高学生的信息化应用能力和参与热情，加强学生创新实践能力的培养，从而提高实验教学效果和教学水平。

1. 虚拟实验在有毒或危险性等实验中的作用

在实际的化学实验教学中，化学教师不带领学生操作实验甚至不演示实验不仅仅是由于硬件设施跟不上，还有一个重要因素就是实验安全问题。一旦学生在实验室出现安全问题，将会给化学教师及学校带来很大麻烦。因此，实际教学中，化学老师会综合考虑各种因素，硬件设施较好的学校的老师只做演示实验；硬件设施暂时落后的学校的老师就只能口头上讲解一下。此时，虚拟实验如果被引进入化学课堂，它可以在实际的实验教学中发挥出极其重要的作用[5]。在高中新课标教材中，一些涉及有毒气体、可能引起爆炸、反应缓慢，以及由于药品、仪器等资源短缺而不能，也不敢由学生进行的实验可以通过虚拟实验操作来完成。因为，危险系数较大的实验反应物本身的化学性质会导致在反应过程中化学反应现象过于剧烈，存在安全隐患，如人教版（必修2）中的铝热反应；一些有毒气体的制备实验可以在课堂中进行演示，但往往尾气排放的问题不能被很好地解决，给环境造成很大污染的同时，也会对师生的身体健康造成不良影响，如人教版（必修1）中铜与浓硫酸的反应。

通过对人教版高中化学课程（必修）中实验的认识，本人曾选取人教版（必修1）课程中的"Cl_2的实验室制法实验"这个虚拟实验案例来进行虚拟实验教学的应用，并对其进行设计教学。"Cl_2的实验室制法实验"选取是因为氯气为污染性有毒气体，实验操作者实验时如果操作不当会引起污染，且其安全

没有保障，但该实验在整个高中化学的实验教学中占有比较重要的地位，有进行实验演示的必要性，故选其作为案例进行虚拟实验教学。再如，"甲烷与氯气的取代反应"仿真实验操作中，实验现象及其解译情况如下：①色变浅，说明氯气参与了反应，导致混合气体的黄绿色变浅；②水上升，说明反应后气体体积减少而使水位上升；③出油滴，说明反应后有难溶于水的有机物生成；④有白雾，说明生成了氯化氢。上述反应显示了实验中先是生成一氯甲烷，生成的一氯甲烷与氯气进一步发生反应，依次生成了难溶于水的油状液体二氯甲烷、三氯甲烷和四氯甲烷（四氯化碳），其中，氯气和氯化氢都是有毒气体。在实验教学中，如果对上述实验进行实际实验操作，实验的安全性是每位老师都需要优先并重点考虑的，因此，实际教学中，这些实验很难走进化学课堂。但如果采用虚拟实验就可以避免以上污染及安全问题的出现，且虚拟实验有很好的交互性和沉浸性，让学生有身临其境的感觉不会影响实验体验效果。

2. 虚拟实验在描述物质微观结构中的作用

在高中阶段，原子核外电子排布式是教学中的难点，主要问题在于学生在学习"物质的结构与性质"（选修3）过程中，对原子结构中的轨道形式弄不清楚它是怎样的结构，写原子核外电子排布式时经常出错，还有学生不清楚3个P轨道如何呈现，以及在形成分子的结构过程中，轨道如何杂化。虚拟实验可以使这些微观电子轨道宏观化，加深学生对知识的理解。

宏观实验中无法看出微观变化，有机化学反应很多牵涉到有机反应机理，在虚拟实验中能够将其取代过程完整地呈现在学生面前，这是真实的化学实验不能做到的，如人教版（必修2）中的"酯化反应"。

3. 虚拟实验在可重复操作性实验中的作用

现实实验中实验现象不明显的情况，多是因为实验环境的改变或者是实验对环境要求苛刻而导致的，这样最终会影响学生对实验结果的判断缺少科学性。如人教版（必修1）中的氢氧化亚铁的制备实验，学生难以观察到白色沉淀，利用虚拟实验进行模拟却可重复操作实验，方便学生对实验现象进行更深的认识，同时也培养学生养成良好的实验习惯和尊重客观事实的科学素养。

4. 虚拟实验在降低实验成本中的作用

有些实验对于城市中的重点中学开展真实实验的教学是没有问题的，但对于资源相对紧张的乡镇农村中学来说就往往因为实验设备不够、实验药品过于珍贵而不能让学生亲自来操作实验，如人教版（必修2）中的"原电池反应"实验。

5. 虚拟实验在实验评价过程中的作用

不进行实验既阻碍了学生探究能力的发展，又影响了学生的创造性。如果学生可以在虚拟实验平台上进行仪器组装、物质性质探究，则有机会培养学生的探究能力和逻辑思维能力。虚拟实验可以作为一种评价学生实验操作技能的新形式，教育主管部门可以通过该系统对学生进行评价，最终得出学生的综合素质水平。

四、结语

虚拟实验自身有着很明显的可操作性和实用性，它结合中学化学实验教学，解决了化学实验课程中的各种问题，尤其是很多化学实验都存在很大的危险性，不能在实际实验室开展，但通过虚拟实验就轻松解决了这个问题。虽然在高中化学实验课程中，并不是所有的实验都适合用虚拟实验来代替真实实验进行实验课程的教学，但教育部门仍要加强对虚拟实验教学技术方面的培训，提高教师的多媒体教学能力，以便虚拟实验在中学实验教学中得到广泛使用。

参考文献

［1］中华人民共和国教育部.化学课程标准［M］.北京：人民教育出版社，2008.

［2］卢雨正，王峰，王山林.虚拟实验交互设计研究［J］.包装工程，2012（3）.

［3］蔡丁友.优课虚拟仿真实验室在化学实验教学中的应用［J］.教育信息技术，2013（6）.

［4］杨涛.虚拟实验在中学化学实验教学中的应用［J］.实验教学，2015（13）.

［5］赵红喜.虚拟实验在中学化学实验教学中的应用研究［D］.开封：河南大学，2013.

信息技术游戏化教学促进高中学生创新能力研究

兴宁市第一中学　温利英

如何更好地培养学生的创新能力，增强学生的学习兴趣，这是广大高中信息技术教师不得不认真思考的问题。我们应当正确理解并合理运用这个教学法，来提高学生的学习和创新能力，从而进一步提高高中信息技术课的教学质量。

信息技术是中学教学中一门操作性比较强的学科。随着信息技术教育的逐步深入及应用，如何更有效地上好高中阶段的这门必修课，在使学生掌握信息技术基础知识的基础上，进一步培养学生的创新能力，增强学生的学习兴趣，进一步提高高中信息技术的课堂教学效率，这已然成为广大高中信息技术教师不得不认真思考的问题。

一、游戏教学法的含义及特点

游戏教学法是根据学生的年龄、心理特点以及教学内容，采取相应的游戏化教学手段，将游戏运用于课堂教学中，使学生在轻松的氛围里，将游戏兴趣转换成学习动力，是新时代高中信息技术课程教学的一种有效辅助方式。由此，它也决定新时代的信息技术课堂的游戏教学所呈现出新的特点，即信息技术教学中的游戏需要更加注重对学生角色扮演、问题解决等方法的教学，更加注重对学生的主动性、合作意识和创新思维的培养。

二、现阶段高中信息技术课的现状

高中信息技术教育是我国教育信息化建设中不可或缺的环节，但现阶段的信息技术游戏化教学依然有很多不尽如人意的地方。在实际教学中，我们发现很多学生都把信息技术课看作是一个可以上会儿网、打会儿游戏、聊会儿天的课堂；由于游戏教学方法使用不当，当被教师提问时，学生经常一头雾水，仍旧沉浸在游戏中；答非所问；或者是由于缺乏有效引导，当进行课堂练习时，学生又不知道该如何去完成；而且许多学生对信息技术课知识的理解多数浮于表面，不能很好地与实际生活相联系等，以上这些教学现状使得学生的学习兴趣始终得不到有效提高，创造性也严重缺乏。

三、游戏式教学法在信息技术教学中应注意的问题

1. 保持信息技术课堂教学的严肃性

在进行游戏式教学法运用的时候，我们必须注意保障信息技术课堂教学的严肃性，避免学生因为游戏产生过多的兴奋感，破坏课堂纪律和教学效果；同时，我们也必须深刻认识到游戏只是一种辅助教学方法，不能喧宾夺主，忽视了教学目标和教学内容。

2. 注意选择适合高中生的游戏

我们在教学中选择具体的游戏教学方法时，必须充分地将教学对象、任务和目标设计在内，综合教学的实际需要，引入的游戏要具有适度的挑战性，也必须考虑到高中生的认知和学习水平有限，要根据教学内容、学生的特点、教学硬件状况等实际情况开展教学，以便于激发学生的创新思维。

四、如何完善信息技术游戏化教学，促进高中学生创新能力的提高

1. 教学中的游戏要有教育意义

学生之所以喜欢信息技术课，很重要的原因之一就是因为学生对游戏的兴趣比较高。因此，我们在教学的时候应当充分利用学生对游戏感兴趣这一心理特点，经常将一些具有教育意义的游戏带进课堂；同时，我们也应当对游戏的娱乐性向教育性过渡这一环节进行妥善处理，从而为正确引导学生远离游戏不利影响，促进学生掌握有用的知识打下基础。

例如，在进行打字教学时，学生对金山打字这个软件中的游戏很感兴趣，但是他们的技术水平有限，无法体验软件使用的真实乐趣，很容易只沉浸在游戏之中。因此，我们要控制好教学中的这一环节，带领学生深入认识金山打字软件，引导学生正确认识该游戏，利用这个游戏激发学生的兴趣和热情，让学生重点练习指法，而不是沉迷在游戏快感中，这样才可能达到预期的教学效果。

2. 选择的游戏要与教学内容紧密联系

我们在课堂教学中选择、设计的游戏必须切实为完成教学任务、提高课堂效率服务，这就要求我们选择的游戏必须与教学内容紧密联系，既要符合高中生的心理和知识结构特点，更要与学生信息素养的培养相结合。因此，我们有必要多花些时间和精力去选择和设计教学中的游戏的功能、特点以及玩法等。

例如，我们在动画制作软件Flash的教学过程中，为了激发学生的学习兴趣，可以先向学生展示一些用Flash制作的益智小游戏，如你画我猜、超级玛丽、粘粘的世界等，以此来激发学生学习动画制作软件Flash的兴趣。因此，选择健康的游戏对学生能力的培养具有十分良好的引导作用。

3. 将游戏作为教学实例穿插于课堂教学

在信息技术教学中将游戏作为教学实例来讲解，这有利于将一些比较难的教学内容进行分解。学生在游戏的时候，可以由浅入深、逐步认知知识点，同时又激发起继续学习和探索新知识的兴趣，从而进一步提高创新能力。

例如，我们在《多媒体技术应用》教学中，在选择教学实例时应当考虑到怎样去提高学生的创新思维。因为这个课程长达5~6个课时，如果游戏也重复而单调的话，学生极易产生困乏感。所以我们可以设计制作不同的小游戏，比如，设计一些学生比较熟悉的五子棋游戏作为教学实例，但在教学中不断穿插和不断提高游戏的挑战难度，激发学生的兴趣和创新欲望。这样学生会以比较积极的心态去应对在设计制作过程中可能遇到的困难。同时学生在学习游戏界面、游戏规则等过程中对进一步完善游戏的规则性、娱乐性也会产生更多的新想法。

4. 培养学生的需要心理，开阔学生的创新思维

一般来说，需要与满足是紧密地联系在一起的。所以，我们在高中信息技术教学中，应当不断增强学生的信息意识以及增强学生对信息技术掌握的需要心理，不断增强学生克服困难的信心，在这样的良性循环里，学生的主动性提高，创新思维也会自然而然地得到提高。例如，利用会声会影软件辅助学生对平常实践活动进行记录，以及利用上网浏览方法让学生找到自己所急需的参考资料等。也就是说，用信息技术解决与学生的学习和生活有关的实际问题，注重对学生需要心理的培养，是一种开阔学生创新思维极为有效的方法。

五、结语

游戏教学法是高中新课程改革背景下信息技术课程教学的有效辅助手段。我们应当正确地理解并合理地运用这个教学法，调动学生的学习兴趣，使学生由被动学习转向主动学习，进而提高学生的学习和创新能力，进一步提高高中信息技术课的教学质量。

参考文献

［1］韩梓耕.游戏中的学习过程与模式分析［J］.现代教育，2011.

［2］杨发科.对我国教育游戏研究现状的思考［J］.中国电化教育，2010.

［3］李纪元.浅析信息技术课堂的游戏化教学策略［J］.科教导刊，2011.

［4］周永进.基于中学素质教育的教育游戏设计策略研究［J］.科教文汇，2012.

德育素质培养

◆ 春风化雨，润物无声 ◆
——浅议初中信息技术教学中的德育渗透

东莞市虎门第五中学　陈小鲁

随着网络信息技术的迅速发展，信息技术教学显得日益重要。作为信息技术教师，在信息技术教学过程中，理所当然地要担负起培养学生对该课程的学习兴趣和积极性，掌握基本的知识和技能的重任。但是，在信息技术课中是否需要实施德育教育呢？在初中信息技术教学过程中，对德育方面的教育工作存在哪些问题呢？面对这些问题，我们应该如何对信息技术教学的德育教学进行科学的认识呢？如何树立正确的德育教育观念呢？除了在思想认识上，在德育教育的实际开展中，我们又如何在信息技术课中，实施德育教育呢？

一、初中信息技术教学中的德育教育所存在的问题

如今，在信息技术课教学中，不只是缺少，甚至是完全没有德育方面的教育。在不少信息技术教师的眼中，信息技术课程就是教计算机使用方法的课程，只要学生掌握了计算机的基本知识和基本操作技能，就达到该课程的教学目的了。至于德育教育工作，应该是属于思想政治课教师的教学任务，和信息技术课程的关系不是特别大，甚至是完全没有任何关系。

这样必然会导致一部分的教师在信息技术课上，关注重点或全部关注点是培养学生对计算机学习的兴趣和操作技能，而忽视了德育教育工作的开展。

二、树立正确的初中信息技术教学的德育教育观念

（一）树立"德育为先"的教育理念

德育，是指对学生进行政治、思想、道德、品德和心理品质等的教育，对促进学生全面发展起着决定性作用。德育是学生获取的最基本教育，而且德育工作不只是思想品德教师的职责，而是需要全体教师在其日常教学中，结合各自学科内容，一点一滴地向学生渗透的。因此，任何学科的教师，包括信息技术课老师，都要务必重视对学生的德育教育，树立"德育为先"的教育理念。

（二）重视信息技术教学中的德育教育

在很多教师的思想观念里，信息技术课是纯技术性的学科，只要熟练掌握计算机的原理和操作就可以了，与德育教育没有多少联系。这种观念必须要纠正，正所谓"先人品，后学问"，没有健全的人格，没有健康的道德观，即使这个人掌握再高深的知识，他对社会也只会产生负面影响。

早在2000年，教育部在《中小学信息技术课程指导纲要（试行）》中就明确指出：要教育学生正确认识和理解与信息技术相关的文化、伦理和社会等问题，负责任地使用信息技术。所以我们教师在信息技术教学中，不仅要提高学生对计算机的操作和对信息技术的处理能力的教学，还要在教学过程中，从大处着眼，小处着手，从一点一滴抓起，加强对学生信息技术的人文、伦理、道德和法治等教育。

三、初中信息技术教学中应该如何实施德育教育

在初中信息技术教学中，我们教师应该如何结合本课程的内容，开展和实施德育教育呢？笔者认为，可以从激发学生的爱国主义精神、培养学生良好的上机习惯、培养学生正确的网络道德观念三个方面实施信息技术课的德育工作。

（一）激发学生的爱国主义精神

爱国，是每一位公民必须具备的基本品德，也是每一位公民必须具备的社会责任。激发起学生的爱国主义精神，绝对不能靠老师对某一个科目的理论性讲解而达到目的，必须靠每一个科目的老师在平时的教学中，用具体的例子，点滴渗透爱国主义精神的教育。

具体到初中的信息技术的课程教学，信息技术教师应该采取怎样的措施，才能激发起学生的爱国主义精神呢？

1. 在知识讲解上，适当地拓宽知识面，激发学生的爱国主义精神

虽然信息技术课程主要讲授计算机的基本知识，多数属于技术性、技能性的知识，但是技能性的传授并不是信息技术课程的唯一目标，教师可以在知识讲解上，适当地拓宽一下信息技术课程中有关史料方面的知识，从而激发起学生的爱国主义精神。

例如，讲授《计算机中的数——二进制》一课时，教师也可以适当地拓宽一下学生的视野。虽然二进制是由德国数学家莱布尼茨提出来的，但是莱布尼茨之所以能够创制出"二进制"的源头，却是来自于中国《周易》中的八卦原理。据说莱布尼茨有一个挚友叫布维，布维是一位汉学大师，在欧洲传播汉学，使十七、十八世纪的欧洲掀起了一股中国热。正是由于好友布维的介绍，莱布尼茨才了解到《周易》的八卦系统，并从中受到启发，领悟到只要把八卦中的阴爻视作0，阳爻视作1，就可以创立一种新的记数法：二进制。所以从某种程度上讲，中国的八卦系统是二进制发明的重要推动者。这些知识的拓展，促使学生更加热爱祖国，民族自豪感油然而生，爱国主义精神从点点滴滴中逐步累积形成。

2. 在实际操练上，适当地选取爱国主义主题，激发学生的爱国主义精神

除了在知识讲解上进行适当地拓宽外，教师还可以在实际操练的作业上，适当地选取爱国主义主题，让学生在信息获取、信息编辑整理的过程中，加深对祖国认识，增强民族自豪感和民族自信心。

例如，在讲解"制作多媒体演示作品"这一章节时，教师可以给学生若干个主题，如中国传统节日、北京奥运等，让学生在亲自动手搜索信息、制作演示文稿等过程中，进一步加深对中国传统节日或北京奥运的认识和了解，在不知不觉中加深了学生对祖国和中华文化的热爱，增强了民族自豪感，从而激发起学生的民族自信心。

（二）培养学生良好的上机习惯

习惯，是一个人的行为倾向，具有稳定性和自动化等特点，是个人素质的重要组成部分。良好的习惯能使人终身受用，初中阶段是学生养成优良习惯的重要时期。根据初中信息技术大纲要求，信息技术课70%的课时是被用于安排学生上机进行操作实践。因而，如要在初中信息技术教学实施德育，教师要重点培养学生良好的上机习惯。

那么，教师应该如何在日常的信息技术课堂上，培养学生良好的上机习惯呢？

1. 在思想上，要树立良好的上机操作意识

在上机操作课上，有不少的学生会出现如下一些坏习惯，如用力敲打键盘、随意删改他人的文件、不正确开关机、乱扔纸屑、不穿鞋套、偷吃零食等。

思想，总是行动的先导。所以，针对学生这些陋习，信息技术教师重点要从思想上入手，让学生树立良好的上机操作意识。

例如，针对某些同学边偷吃零食，边上机操作的坏习惯，教师不妨引述《中国青年报》曾刊载的一则消息：台湾一位年轻的女性白领，平时最喜欢泡在网吧里。最近，医生诊断其患上了传染病。经患者叙述其生活习惯，医生判定这个病源来自鼠标，带病者用完鼠标后，再由患者接触，自然把病毒传给了患者。所以，平日要养成勤洗手的习惯，特别是上机前后，也不要边上机边吃东西。这个事例，就是要提醒学生注意上机卫生。

同时，教师要制定全面的有关上机操作的规章制度。从上机的第一节课开始，就要让学生阅读上机规则和要求，加强思想上的重视。在日后的上机操作课，教师要针对学生普遍存在的问题进行实际具体的教育。例如，某些学生不太重视正确操作开机、关机等问题，教师在讲授计算机基础操作知识时，要特别强调一下在Windows系统中，如何正确开机和关机的步骤，有多少种方法可以开机和关机，什么情况下选择哪一种方式进行开机或关机，并让学生明确认识到正确开机或关机对计算机的使用寿命、计算机数据保存等方面的不同影响。

2. 教师要以身作则，并加强对学生的日常督促

正所谓"身教重于言传"，教师除了传授知识以外，还需要是良好道德修养的楷模。因此，教师在课堂上的教学示范和上机操作指导过程，要以身作则，有良好的习惯。例如，把文件保存在系统盘（一般是C盘）上是一种不好的操作习惯，因为系统一旦崩溃需要重装的话，所有文件，包括保存的私有文件都会给自动删除。因此，教师在课堂演示教学过程中要注意规避这一个细节，让学生看见你的好行为。

除此以外，教师还要加强对学生的日常督促。例如，不爱护机房的各种设施设备，不遵守机房规则，不对号入座，不遵从规范及教导进行操作、故意删改他人文档、不带书本来上机操作等坏习惯，教师都应该及时而恰当地给学生指出来，进行耐心教导。

（三）培养学生正确的网络道德观念

1. 认识网络的两面性，建立健康的网络道德观

21世纪是网络资讯爆炸的时代，人们的日常生活离不开互联网。根据中国互联网信息中心（CNNIC）在北京发布的《第27次中国互联网络发展状况统计报告》显示，截至2010年12月底，学生网民规模达到1.4亿人，占网民总数的比例最大，高达30.6%。

21世纪的互联网被称作"第四媒体"，不仅能开拓学生的视野，还能够增长知识。但是，互联网是一把"双刃剑"，有利也有弊，影响着中学生的各个方面，对学校的德育教育工作带来不少的挑战。例如，网络色情、网络暴力等不良信息的传播毒害着初中生纯洁的心灵。同时不少初中生过度迷恋于网络虚拟世界，缺少与他人的交流，从而导致网络孤独症或网络综合征的发生。

作为信息技术课教师，我们不仅要教会学生掌握网络使用的技术性知识，还要让学生认识网络具有两面性，需建立健康的网络道德观，严格遵守国家发布的《全国青少年网络文明公约》中的"五要五不"，即要善于网上学习，不浏览不良信息；要诚实友好交流，不侮辱欺诈他人；要增强自护意识，不随意约会网友；要维护网络安全，不破坏网络秩序；要有益身心健康不沉溺虚拟时空。同时要引导学生学会辨别网络信息中的"垃圾"，坚决抵制黄色信息，不要沉迷于网络游戏。根据学生的学习需要，教师应该向学生推荐一些健康、有益的网站。

在介绍计算机病毒知识时，教师除了要让学生了解病毒的特征和危害性之外，还可以向学生举"熊猫烧香"一例，让他们明确认识到，无论出于任何目的，制造、传播病毒是一种不道德的，要受到法律制裁的，严重的犯罪行为，因为计算机病毒一旦爆发，将会破坏计算机存储的数据，损坏计算机的硬件，造成系统崩溃，甚至使互联网瘫痪，严重影响人们的日常生活秩序。

2. 加强培养学生有关知识产权等意识

网络的发展一日千里，但是网络管理还是处于发展初级阶段，特别是对于知识产权的问题，仍然存在不少技术上和道德上的灰色地带。学生是未来社会

的主人翁，必须要从小加强他们有关知识产权的意识。

首先，要让学生明白什么叫知识产权。知识产权是一种无形资产，是产权所有者花费了大量的时间、精力和金钱所创造出来的财富。计算机软件的研制和开发，是软件人员花费大量心血的结果，因而软件的所有权是属于软件开发者的。

其次，要让学生树立保护知识产权和正版软件的意识。由上述可知，软件难以开发，却容易被复制，长此下去，必然会挫伤软件开发者的创造积极性。因此，未经软件著作人的同意，复制其软件的行为是属于侵权行为，侵权者要承担相应的民事责任。所以，我们教师可以在信息技术课堂上结合《计算机保护条例》，从小培养学生使用正版软件、不使用盗版软件的意识，践行知识产权保护。

四、总结

由于缺乏对德育教育的正确认识，当前初中信息技术的教学往往只强调计算机基本技能的学习，而忽视德育教育工作开展。

面对这个问题，我们首先要在思想上，树立"德育为先"的教育理念，重视信息技术教学中的德育教育。任何一个科目的教师，包括信息技术课教师，都有责任对学生实施德育教育，教师要树立正确的初中信息技术教学的德育教育观念。

其次，在实际行动上，教师要在激发学生的爱国主义精神、培养学生良好的上机习惯、培养学生正确的网络道德观念等三个方面实施德育教育。例如，可以在知识讲解上和操练主题上，激发学生的爱国主义精神；在思想和行动上，教师要以身作则，加强督促，培养学生良好的上机习惯；帮助学生认识网络的两面性，建立健康的网络道德，不要沉迷于网络游戏当中，不要制造和传播病毒，同时要加强培养学生有关知识产权等意识，不仅要让学生明白什么叫知识产权，而且要让学生树立保护知识产权和软件的意识。

对于信息技术教学中的德育教育问题，还有很多地方值得我们继续探讨下去，由于笔者水平有限，故搁笔于此，仅希望本文能达到抛砖引玉之功用。

参考文献

[1] 崔相录.素质教育实施方法［M］.济南：山东教育出版社，1998.

[2] 魏英雄.中小学信息技术教学案例专题研究［M］.杭州：浙江大学出版社，2005.

[3] 宁鸿.道德不能靠灌输［J］.科学新闻，2006（04）.

[4] 王玉珍.信息技术教学中的德育渗透［J］.内江科技，2006（03）.

[5] 吴启迪.创新现代大学办学理念［J］.中国高等教育，1999（15）.

[6] 顾明远.新世纪呼唤创造性人才［J］.中国教育学刊，2001（04）.

[7] 姜根龙.论信息技术时代教育的文化功能特征［J］.中国教育学刊，1996（06）.

[8] 郭柏春，唐鹏里.学校德育接受学的几个问题述要［J］.江苏高教，1992（06）.

◆ 中学信息技术课堂教学行与思 ◆

兴宁市第一中学　温利英

自大学毕业后，我从教26年，又担任教研组长兼备课组长13年，听课少说也有几百节。总之，对中学信息技术的教学有一种说不出的感情。信息技术课程是一门高科技课程，它对于培养学生的科学精神、创新思维、动手能力，提高学生对信息社会的适应能力等方面都具有重要的意义。在信息技术，必须立德树人，以新的教学理念和教学理论为指导，探索适合信息技术课堂教与学的新策略和新模式，将信息技术教育的每一堂课真正转变为培养学生信息素养的金土地。

一、寓思想品德教育、健康向上的正能量于教学中，提升核心素养

师者，传道授业解惑，名师者，立德树人启悱。学高为师，德高为范，这是教师的立身从业之本。我们要自觉遵守教师职业道德规范要求，依法履行教

师职责和义务，为人师表，教书育人，为培养学生良好品德，塑造学生健全人格尽心尽力。

随着现代信息技术教育的迅猛发展，学生掌握信息技术的技能日益熟练，从现代信息媒体中所获得的知识也越来越丰富，但有矛就有盾，随着现代信息技术发展的深入，它的负面影响也越来越突出。那些五光十色的外部信息，良莠不齐，对于学生来说，不但不一定都是合适的，甚至很多是有害的，学生由于阅历浅，辨别是非的能力差，容易受到其中一些不良信息的影响。同时由于计算机技术的广泛使用，学生也容易产生对计算机的过分依赖，降低独立思考克服困难的能力。如果一个正能量、品行高尚的人的信息技术知识水平非常高超，会给社会带来好处；相反，如果信息技术知识水平非常高超，但品德败坏，甚至坠落，他很可能会被坏人利用或者自己变坏成为破坏性黑客等，给社会带来极大的危害，这样的人技能越高对社会的危害越大。因而寓思想品德教育于中学信息技术教育教学中，让学生明确是非观念，培养正确的学习品质，是非常必要的。对现阶段的学生，我们在教学中不断渗透健康的心理教育，让他们明确学习动机，正确对待游戏问题，不沉迷于网吧，树立远大理想，树立健康的人生观、价值观，提升他们的核心素养等非常重要。

二、激发兴趣，活用课堂教学形式

学生的学习动机主要来自他们强烈的求知欲和对所学内容的兴趣。兴趣越大，则学习的动力越大，学习的效果就越好。学生对计算机早已有着浓厚的兴趣，渴望更深层次地了解它，掌握它的使用方法，幻想自己有一天能随心所欲地操作计算机，在计算机上做动画、模拟人工智能、上网聊天等。信息技术课正好满足了学生的好奇心和求知欲。如今他们已梦想成真，最后能够直接动手操作计算机了，而周围环境较多的实践机会为学生带来了更多的动手操作空间，这大大满足了学生的好奇、好动心理。但是，如果课堂采用"教师讲，学生听"的传统模式，"学"跟着"教"走，"我说你做"的话，学生很容易在新鲜感过去之后产生枯燥想法。所以在教学中，对于较容易掌握的资料，采用微课、动画、视频片段等进行翻转课堂，或"先学后教"，或"边学边做"，学生们很快就攻克了课程的难点。用这种方法，能够激发学生的学习兴趣，大大提高教学效率。

三、任务驱动，培养学生的创新思维、动手能力

"任务驱动"的教学方法是指在整个教学过程中，以完成一个个具体的任务为线索，把教学资料巧妙地隐含在每个任务之中，学生在教师的引导下，通过完成一个个任务逐步掌握所学的知识与技能。这种为学生营造一个建构知识、寓学于实践的环境，让他们在这个环境里，充满兴趣愉快地学习的方式，突出了在"做"中"学"的思想，培养了学生的创新思维、动手和解决问题的能力。

例如，我在"因特网"的教学设计中，将比分为这样几个大任务：在因特网上浏览信息、在因特网上查找信息、从因特网上下载信息、在因特网上收发电子邮件、阅读网络新闻、参加BBS、在因特网上进行实时交流等。对于"在因特网上收发电子邮件"这个大任务又能够分为：写信与发信、收信与读信、回信与转信、信件的分类和整理、订阅电子杂志、加入邮件讨论组等子任务；针对"写信与发信"这个子任务，又能够划分为：写信、发信、在信中夹一张照片、发送一个或多个文件、发送一段录音、发送一个影像、把同一个文件发送给多个接收者、成批发送信件等子任务。

四、跨界融合，互通各学科知识

利用信息技术学科工具性的特点，加强与其他学科的横向联系，不仅仅能使学生更扎实地掌握课堂所学资料，而且还能让学生对信息技术课有更完整的认识。例如，在讲动画制作课要解释动画的含义时，要学生理解"动画就是会动的画"这句话的错误性。我就需要讲到生物课讲的"人的眼睛的视觉暂留现象"；要学生理解动画制作时要分"何时何地"，我就给他们讲解物理常识，运动的物体一定有"时间的变化"和"距离的变化"；在讲 Photoshop 构图时，我会给学生结合美术、摄影的构图，让他们做到像素图完美、美化创作作品等。又如，我让学生运用所掌握的信息技术知识和上网技能，到因特网上查找文字、图片、照片等资料，制作一个以"环境保护"为主题的 PowerPoint 幻灯片。学生们兴致勃勃地查找有关环保资料，精心制作出一套集知识性、趣味性于一身的幻灯片。这样，让学生完成课堂学习资料的同时，还增长了课外知识，实现了与其他课程的整合，使学生亲身体会到信息采集、处理、加工的全

过程，大大提高了学生的信息采集和处理能力。

五、利用信息技术解决实际问题

信息技术课的最终目的就是培养学生利用信息工具解决实际问题的潜力，而这种潜力的培养关键在于教师潜移默化地引导。作为教师，要善于引导学生发现在日常学习生活中遇到的实际问题，并进一步引导他们利用信息技术，解决所遇到的问题。例如，各班要出手抄报展览，我就提示学生能够利用学过的信息技术知识，使用Word 2007软件来制作更美观的电子手抄报，然后交给老师打印出来，在校园内展出。学生很感兴趣，部分学生作出版面新颖、资料丰富的电子手抄报，收到了很好的效果。此外，我还让学生利用"画图"软件来出版班上的墙报，让学生利用Excel知识来做日常工作统计等。这些实际运用不仅仅有利于学生灵活掌握并运用所学过的知识，还能使学生认识到信息技术的优越性，增强了信息意识。

总之，信息技术学科由于其实践性及应用性强的特点决定了在教学中务必采取相应的、灵活多样的评价方式，才能有助于培养学生的实践创新精神。以上是我在初中信息技术课教学中都运用过的教学手段及教学方法，但在实际教学过程中，还务必针对具体的教学资料采用灵活多样的教学手段及教学方法，才能使教学效果和教学质量再上一个新台阶。

信息技术作为一种工具性学科，其教学目的除了让学生了解和掌握基本知识和技能外，更多的是培养学生把信息技术作为支持终身学习和合作学习的手段，让学生在掌握必备操作技能之余还要重视培养其应用和创造信息的能力，提高学生的信息素养，使每一项教学活动都能真正促进学生的全面发展。

六、问题与不足

信息技术发展迅猛，现代化发展日新月异，需要我不断地努力学习、终身学习，以掌握更多的知识为教育教学服务。

高中信息技术学生差异性教学策略研究

鹤山市纪元中学　易群少

随着社会经济的飞速发展，信息技术课已成为高中学生的必修课而被摆在了越来越重要的位置。学生之间存在着的个体差异和发展不平衡这一点，在课堂上学习的时候表现得尤为突出。学生间的差异直接或间接地影响着教学过程及其结果，并不可避免地成为影响教学过程的重要因素。为了让不同层次的学生均学有所得，教师需要对自身的知识结构进行完善和提升的同时，还需分析造成差异的原因，探索针对解决学生差异性的策略教学，提升学生的信息素养，充分发挥学生的主观能动性和潜在的能力，促进学生全面发展，实现信息技术课堂教学的有效性。

高中学生身心发展在一定年龄阶段上具有一定的稳定性和普遍性，但社会因素、每个人的生理素质、环境和教育的影响以及个人的努力程度等方面的差异，致使各年龄阶段中每个学生的身心发展水平表现出特殊性和差异性。一个班级中的学生，在学习习惯、行为方式和兴趣爱好等方面存在不同，表现在学习需求和能力发展上也不尽一致。《基础教育课程改革纲要（试行）》中明确指出："在教学过程中，教师应尊重学生的人格，关注个体差异，满足不同学生的学习需求，创设能引导学生主动参与的教育环境，激发学生的学习积极性，培养学生掌握和运用知识的态度和能力，使每个学生都能得到充分的发展。" 2003年，教育部制定的《普通高中信息技术课程标准（实验）》也明确指出，信息技术课程的基本理念在于"关注全体学生，建设有特色的信息技术课程"。在教育教学活动中，需充分考虑高中学生起点水平及个性方面的差异，强调学生在学习过程中的自主选择和自我设计，提倡通过课程内容的合理延伸或拓展，充分挖掘学生的潜力，实现学生个性化发展与地区发展相适应。

信息技术是普通高中的必修课程，学生受社会、经济、教育发展不均衡和应试教育的影响，在信息素养上表现出显著差异，教师在班级授课制的教育环境中如何照顾学生的差异，使每个学生都能得到充分发展，成为困扰信息技术教师的主要问题。诚如教育学家杜威所述："只要千篇一律地对待儿童，就不可能建立一个真正科学的教育学。"从我国古代的"因材施教",到西方近、现代的"个别化教学",人们从没有停止对差异教学的探索。差异教学强调以学生的差异为出发点,开展有针对性的教学活动,在教学中满足学生的差异性学习需求,促进学生在原有基础上获得最大限度的发展。因此,在教学过程中,教师要迎合信息技术发展趋势,采取新颖的教学方式,创设良好的课堂氛围,调动不同水平学生学习的积极性,培养他们的动手能力、探索能力和团结协作精神。

一、创设情境,激发学生的学习兴趣

良好的开始是成功的一半,所以教师在课堂上必须注意创设情境进行课程导入。特别是信息技术这一门课,由于一星期只有一节课,新课还未开始,学生几乎已经忘记上堂课的内容。教师更要注重情境导入,将学生的心思带到信息技术课堂中来,促使学生有效地学习知识。比如,学习《多媒体技术的应用》一节中,我利用"钓鱼游戏"(英语单词)导入,这个游戏将知识与娱乐相结合,学生既可以娱乐,又可以学到知识。"今天我们来钓鱼,看谁钓的鱼最多",学生听了,兴致高昂,每位学生都想参与。我简单介绍了钓鱼的玩法,找了个学生上讲台进行操作。学生兴趣浓厚,在台下纷纷讨论。因为是知识性的游戏,同学之间需要相互讨论,相互协作才能完成得更好。通过钓鱼游戏,引出了本节的内容"多媒体技术的应用":"这个游戏是属于多媒体作品,它把学习、娱乐两方面相结合,那么多媒体技术还应用于哪些方面呢?"学生带着好奇的心,进入了本节课教师自制网页的学习。本节课的创设便是通过游戏使学生产生对新知识的求知欲望,让学生的注意力处于高度集中状态,使他们在游戏中获得知识,发展能力,提高学习兴趣,最终达到教学目标。

二、注重学生的动手能力

(一)采用任务驱动教学法,使学生明确学习任务

让学生有明确的学习目标和学习任务,驱动他们自己动手解决问题,从而培养他们的创新能力和探索能力。在对基础知识的学习过程中,学生的差异性就已经逐渐显示出来,如有的同学鼠标用得较熟练了,而有的同学还没学会正确的拿鼠标的姿势,拿起鼠标就紧张,更别提顺利使用并完成操作任务了。对

于这些进度较慢的同学，教师在进行正常教学的同时，还得不时地对其进行基本功训练。此时可通过任务驱动法，在活动中进行任务分解，将大的任务分解成若干个小任务，分解成在不同学生的各自的现有水平下及教师帮助下能够完成的不同级别的任务。让学生在问题的逐步解决中学习技术，并提高学生运用信息技术解决实际问题的能力。

例如，对于因特网的教学，我们把这部分内容分为几个任务：搜索信息、下载信息、收发电子邮件、阅读网络新闻、参加BBS、在因特网上进行实时交流等。对于"收发电子邮件"这个任务我们又分为写信与发送、收信与读信、回复与转发、信件的分类和整理等子任务；针对"写信与发信"这个子任务，我们划分为写信、发信、在信中夹一张照片、发送一个或多个文件、发送一段录音、发送一个影像等子任务。

（二）分层教学，让不同层次的学生获得知识

由于学生信息技术水平参差不齐，有的学生可以独当一面，而有的学生在初中时没有接触过信息技术，甚至连基本的开关机方法都不知道，为信息技术教学进程带来很大的影响，即在教学中，出现优生"吃不饱"，后进生"跟不上"的情况。优生感觉内容易，对学习失去积极性；后进生感觉内容难，对学习失去信心。针对这种情况，教师必须有计划、有针对性地实施分层教学，对不同层次的学生制定不同的目标和任务，因材施教，因人而异。教师制定教学目标时，根据学生实际情况和动手能力，分别设置易、中、难三个层次的目标，要遵循"既要让全体学生达到教学大纲要求的基本目标，又允许学有余力的学生超过课程要求去学习"的原则，使目标层次与各类学生现有发展水平相适应，让不同起点的学生都有力所能及的目标，选择适合自己的内容。例如，在"网页制作初步"教学中，面向学习困难的学生提出利用Front page表格布局方式制作出一个简单的个人网页的教学目标，面向学习较有余力的学生提出制作个人网页，并修饰成一个图文并茂的漂亮网页的教学目标。

一般情况下，课堂练习每节课都有，有师生共同完成的，有学生独立完成的。在练习的设计上要分出不同层次，从作业量上设计必做题、选做题等内容，使学生练习具有弹性，让学生"吃得了"又"吃得饱"；从作业难度上又要设计难易程度有差异的练习，分为基本题、变式题和综合题，要求各层次学生都能完成基本题和变式题，达到大纲规定要求。总之，教师要针对不同层次的学生给予辅导，对于后进生，教师更加耐心、细致地辅导，帮助他们渡过难关，使他们逐渐跟上学得较好的学生，增强学习自信心；对学有余力的学生设计综合性问题让其解决，通过练习让各层次学生都能体会到成功的快乐。

（三）分组合作，提高动手能力

信息技术课主要是考察学生自主实践操作能力的课程。在实际教学过程中，我发现学生的操作能力有明显差别，有的很快就完成操作，有的甚至一节课下来都掌握不了具体的操作方式。我根据学生掌握信息技术知识多寡和动手能力强弱的差异，把学生分成优、中、差三个层次，然后把这三个层次的学生相互交叉分配，组成若干个小组，每组以能力强的优生当组长，负责指导该组的学习和检查，带领同学们讨论学习。如果发现学生中有的比较胆小，不敢操作，我会适当加以引导、鼓励，强调信息技术必须多动手，告诫他们发现问题多交流、多思考，才能掌握好知识点。经过强调，各小组遇到问题时，都会在组内进行讨论交流，反复操作。在学生交流学习时，我会做适当的引导，帮助他们按时完成任务。一般来说，随着讨论的声音渐起，课堂气氛越来越浓，连平时讲话声音小的同学，在其他同学的影响下，也积极地加入讨论的行列，最后他们的动手能力也得以逐步提高。在自主操作过程中，对于各组存在的问题，我会及时讲解，纠正错误。如果个别学生提出问题，我都是以一种尊重学生、欣赏学生的态度来指导学生学习。分组学习有利于学生之间进行优势互补共同提高，让优生的知识得到进一步巩固，让后进生在有限时间内获得更多知识。通过分组学习，学生的自主学习能力、思考能力，沟通能力，团结协作精神得到进一步的提高，有利于课堂教学。

三、严密的课堂组织教学，使学生无懒可偷

在每一节课堂上，老师的眼睛就像公路十字路口的"电子眼"，不放过任何一个"闯红灯"的人，观察每一个同学的细微变化，还要善于发现同学的"诡秘"行动，特别是易被遗忘的角落，尤其值得去关注。此时，要充分发挥多媒体教学控制软件的作用，老师在讲解时，应及时"全体广播"；同学在操作时，应及时切换到"监视"功能，认真负责好"猫捉老鼠游戏"。这种做法可以树立教师的威严，让学生对老师心存敬畏，不敢有一丝松懈；教师则可以全面地关注每一名学生，督促每一名学生，有效地协助学生进行自我控制，

而不致在课堂中迷失方向。

四、聘用"学生辅导员"

由于学生人数太多，且基础又普遍参差不齐，如果教师进行单独辅导，工作量太大，更无法顾及大部分同学，我在开课之前鼓励曾经学过计算机基础知识的同学担当课上辅导员，在练习时对同学们进行辅导。这样，既可减轻教师的负担，又可以提高教学效果。如果有的学生对帮助别人积极性不高，教师就会指名道姓，他喊"哪位同学有困难了，某某，你去看看怎么回事？"有的学生担心帮助别人会影响自己的上机操作，我就以各种方法来做他们的思想工作，更鼓励他们与教师交流平时遇到的技术问题，从而提高他们的积极性。因为，其实就即使他们愿意帮助人，在实际操作中他们还是会有很多解决不了的问题，这时教师可以帮助解决，但在解决问题的时候，要把辅导员都叫上，让他们看教师解决问题的过程。这样，既让他们学到操作要领及解决问题的办法，又让他们感受到帮助别人也可能会为自己带来提高操作水平的机会。特别是对于VB的学习，通过这种方法，他们学习到了更多的东西。

五、注重课堂评价，及时反馈

针对学生间的差异所在，教学过程中应及时发现及时解决问题，还因此对不同水平的学生提出相应层次的问题，看他们是否达到了各自的预期的要求。基础好、进步快的学生，自信心比较强，对他们的评价要严格，不但要求他们能够正确解答，完成教师布置的任务，还要求他们用不同的方法解决问题。学习有困难的学生基础差、进步慢，自卑感较强，应尽量寻找他们的闪光点，用激励的语言评价，帮助他们树立信心，提高学习兴趣，使他们时常体会到成功的喜悦。教师应使评价成为激发不同层次学生学好信息技术的催化剂，让每一名学生在评价过程中都能获得最大的发展和成功的喜悦。

在教学中，教师要注重学生的差异，根据学生的不同，不断探索新的教学模式、教学方式，注意优化课堂教学，激发学生学习兴趣，调动学生学习的积极性和主动性，让每一名学生在轻松愉快的课堂环境下完成学习任务，获取信息技术知识。

参考文献

［1］中华人民共和国教育部.基础教育课程改革纲要（试行）［M］.教育部，2001.

［2］韩月红.高中信息技术教学方法的思考［J］.现代阅读：教育版，2012（16）.

［3］王天国.对高中信息技术课堂教学的几点思考［J］.科学咨询：教育科研，2012（7）.

［4］兰光明.高中信息技术学科的现状与思考［J］.中国教育信息化，2012（16）.

［5］黎世法.异步教育学［M］.北京：当代中国出版社，1994.

［6］华国栋.差异教学论［M］.北京：教育科学出版社，2001.

论高中生信息素质的培养

河源市龙川县田家炳中学　刘春林

对于高中生来说，信息教育是其必须学习的课程。随着社会信息化的深入发展，信息已经成了生活、学习的重要载体。因此，在高中课程中，应加强信息教育与素质教育的融合。通过信息课程的学习，提升高中生的个体素质，是当前信息化社会中教育发展的必然趋势。

我国推动素质教育十多年来主要经历了两个阶段，第一个是通识性教育阶段，第二个是文理分科教育阶段，这两个阶段的划分以文理分科的时间为界，是对素质教育重新认识的开始。素质教育的根本目的就是培养人才，而对信息时代来说高素质人才必然是掌握了信息化技能的人。作为高中生，他们已经对社会世界有着自身的认识与理解，因此，探讨提升高中生的信息素质，以助于其适应未来信息社会的要求是很有必要的。

一、概述

（一）信息素质的含义

近年来，信息素质教育越来越多地受到人们关注，要全面提高学生的个人素质，信息教育是不可或缺的。通过素质教育，增强学生适应未来生活的能力，从而加强学生思想、品格和身心健康的培养。

通常所说的素质，是指教育学意义上的素质概念，指"人在先天生理的基础上，在后天通过环境影响和教育训练所获得的、内在的、相对稳定的、长期发挥作用的身心特征及其基本品质结构，通常又称为素养。主要包括人的道德素质、智力素质、身体素质等。"在互联网信息社会中，想要更好适应社会的发展，就必须具备信息素质。信息素质是一个人的信息需求、信息意识、信息知识、信息道德、信息能力方面的基本素质。

（二）信息素质与素质教育的关系

首先，信息素质对于一个国家与社会来说，代表了整个社会信息文明的发展进度。只有发达的信息文明，社会的进步与经济的发展才会更有动力。互联网社会里，必须建设高度的信息文明，并以此来严格约束信息社会下人们的行为；可以理解为，信息素质本身就是素质教育内容的一部分。

其次，信息社会下素质的培养，能一定程度上增强人对信息社会的适应性。信息社会是现代文明社会发展的必然结果，因此，素质教育必须在新的社会条件下，不断融合信息文明的元素，使学生能更好地投身于未来社会的信息化生存。因此，缺乏信息素质的素质教育，是无法适应未来素质教育的要求的。

此外，高中生是国家未来发展的希望，良好的素质教育对高中生未来人生发展具有十分重要的作用。为了培养适应未来的高素质人才，必须加强改革素质教育的内容，信息素质教育有助于培养全面的社会主义建设人才。

二、在素质教育中培养信息素质的方式

（一）灵活运用多种教育的方式推动信息教育

在信息经济时代，一个国家自主创新能力的强弱不仅取决于对信息的创新能力，更取决于对信息创新结果的运用能力。适应信息经济的发展，开展信息素质教育是培养创新人才的重要方面。学校信息教育课程应当以提高学习信息

意识和信息能力为根本，依据针对性、综合性、实用性的要求，建立以信息运用能力为基础，以信息素养为目标，全面塑造学生信息素质的课程体系，安排必要的信息教育体验，提高高中生信息素质。

近几年来，我国开始逐渐重视中小学的信息素质教育，一些学校在教育教学活动中要求学生正确认识和理解涉及信息社会的文化、伦理和道德等问题，通过对信息素质的了解，既做到保护自身权益，也尊重他人隐私，从而维护社会的稳定与和谐。提高信息教育素养，培养信息文明时代人才，已经越来越多地被中小学教育所认识与采纳。由此可见，在推动素质教育的大潮下，信息素质培养在我国教育体系中已占有越来越重要的地位。

（二）推动信息教育网络走到现实社会

随着网络的普及，现实社会中人们的活动与网络的联系也越来越紧密。在中小学教育过程中，信息素质的培养要始终贯穿学生学习的方方面面。一方面，在教学过程中经常运用信息技术，这些信息技术的运用加强了人们的信息理解能力，并对其认知上保持科学的观念和意识；另一方面，通常而言，高中生已经具备了一定的独立思想与行为，对外部世界也有着独立的认识和见解，而对于信息化空间的个人言行，同样也须遵守整个社会的规范与准则。

三、完善信息科学教育，推动学生信息素质的提升

（一）加强高中学生的信息素质的意识

从社会发展角度讲，加强青少年的信息素质意识，就是要培养青少年的信息化理念与思维，这是提升学生综合素质的必然要求。因此，在高中学习阶段，尤其是当前社会中，信息技术对社会经济发展的影响不断深入的背景下，既要使学生们充分认识到信息对于人们生活、学习、工作的深刻影响，同时还可以将近年来一些青少年由于使用信息技术不当而给社会造成危害的案例纳入信息素质教育中，以此强化学生的信息素质教育，如人们熟知的"熊猫烧香"病毒这一实例，以此教育青少年学生，强化其对信息化社会下个人行为可能造成的恶劣影响的认识。

对青少年进行信息素质培养，最重要的就是敦促其能自主意识到自身言行举止对信息化社会可能产生的影响，并教育其如何进行自我保护的同时，加强规范使用信息技术的意识。

（二）推行素质教育应将信息素质融合其中

素质教育是一个综合的概念。鉴于信息在当代社会经济发展中的重要作用，将信息素质培养包含在素质教育的教学活动中，作为素质教育的一个重要内容来实施，这是教育与时俱进的体现，也是教育因受一定的科技发展影响而导致的必然结果的体现。信息素质教育最终目的是为社会、经济、科技服务的。信息素质地位的凸显，彰显着信息素质教育与创新人才培养的重要性与紧迫感。加强信息素质教育，将其融合于素质教育之中，对培养青少年创造、使用信息的技能、适应未来信息经济发展新要求，以及实施我国信息社会发展战略、建设信息化国家均具有重要的意义。

（三）根据不同阶段素质教育实际来开展信息素质培养

在高中阶段，对学生进行综合化的信息素质培养与个人素质提高是很有必要的。当前信息教育课程已经越来越多地融入学生的知识学习中，信息素质的好坏对每一个人的影响也越来越深。因此，可根据不同年级的特点，进行不同层次的信息素质教育，选择不同的教育内容，正面如有些青少年把握机会进行信息创业，反面如个别青少年通过网络侵犯他人隐私等，在信息素质教育中通过正反内容的结合，对学生展开了信息文化素质教育，将信息素质培养融入学生的日常生活中，既能联系生活实际规范信息技术使用言行，又能增强学生对未来生活的信心。

参考文献

［1］骆浩文，苏柱华.基于网络的新农村信息素质教育发展探讨［J］.广东农业科学，2007（01）.

［2］宋琳琳.在线信息素质教育实现途径探讨［J］.情报理论与实践，2009，32（6）.

［3］章晓东.信息素质教育管理模式探讨［J］.科技情报开发与经济，2008，18（10）.

◆◆ 以信息技术提高学生心理健康水平 ◆◆

兴宁市第一中学　温利英

　　本文提出了运用信息技术提高学生心理健康水平的理论依据，讨论了信息技术应用于心理健康教育的优势所在，提出了以信息技术为载体，搭建网络互动交流平台，进行心理咨询和辅导的具体措施。

　　世界卫生组织对人的健康所下的定义是："不仅没躯体的残缺与疾病，还要有完整的心理、生理状态以及社会适应能力。"可见人的健康不仅指生理上，而且还应包括心理上的健康。但据相关部门的调查研究和笔者一线教育的切身感受，中学生的心理健康状况令人担忧。现代中学生的心理健康问题已经成为影响中学生健康成长的重要障碍。心理健康教育是提高学生心理素质的教育，是实施素质教育的重要内容。《中小学心理健康教育指导纲要》中也指出："在学科教学中渗透心理健康教育是可行的更是一条常用的途径。"笔者作为一名高中信息技术教师，重视信息技术运用的教学，同时也注重对学生心理健康的培养，并在信息技术教育和心理健康教育的整合方面进行了探寻。

一、利用信息技术提高学生心理健康有其先进理论

　　在认知发展领域有一位最有影响的瑞士心理学家皮亚杰，其创立了关于儿童认知的学派"日内瓦学派"。在关于儿童认知发展上，形成了建构主义理论。在此基础上以维果斯基为首的维列鲁学派深入地研究了"活动"和"社会交往"在人的高级心理机能发展中的重要作用。这些研究形成并完善了建构主义理论。建构主义理论为实际应用于教学过程创造了条件。建构主义是在认知主义基础上发展起来的独特的学习观，它认为"学习不应该被看成是对于教师授予知识的被动接受，而是学习者以自身已有的知识和经验为基础主动的建构活动"。也就是说，学生学习过程是在教师创设的情境下，借助已有的知识和经验，主动探索，积极交流，从而建立新的认知结构的过程。它主张学习是学习者主动建构自己知识经验的过程，是通过新经验与原有知识经验的相互作用

而不断充实、丰富和改造自己已有知识经验的过程。它强调学习的主动性、实践性、创造性和社会性。利用信息技术教育，信息的包容资源、教育的形象直观、教学的情境思维能充分体现，都能发挥以学生为主体的个性化教育优势，调动学生学习的积极性。随着信息技术教育的不断发展，信息技术教育教学内容已经从传授计算机基本知识转到利用计算机和网络帮助学生更好地自主学习和探讨。青少年上网已成为时尚，网络信息技术将在心理健康教育领域被广泛运用，成为开展现代心理健康教育的一个非常重要的手段，给心理健康教育的多元化带来极大的发展前景。

二、运用信息技术提高学生心理健康有其特有优势

（一）信息技术的共享性和交互性符合学生心理辅导的特点

由于人们对心理健康的认识不够深刻，对心理健康教育的理解有时失之客观，所以，我们应该充分利用信息技术的共享性和交互性。让心理健康教育的观念在不知不觉中深入人心。比如，运用电脑技术制作美观大方的宣传资料，多利用远程教育的各种便利，鼓励师生利用心理论坛、网上聊天室、电子邮件等加强联系、沟通、交流，建立平等、互爱的师生关系，优化心理健康教育环境。信息技术的交互性分为人机交互和人人交互，其中人人交互尤为重要。在校园网中加入"心理咨询热线"，利用网络技术为老师和学生提供一个广阔的交流平台，促进师生之间的情感交互，从而更能体现出教师和学生互相交流的个性特点。通过网络的交流，学生能够感受到和专家、教师地位平等的感觉。学生以求助者的身份可以与专家、老师交流，也可以与同学、家长交流，能够从更多的方面获得帮助，也可以将自己的思想和行为分享给其他人，让其他人从中获益。

（二）信息技术网络的隐蔽性和灵活性维护学生人格的尊严

青少年的心理发展往往具有"自闭性"，使得不少学生不愿意与同学、家长交流，常常是把话放在心里，特别是心理困惑时，常常会焦躁不安，自卑。一方面想掩饰自己的内心世界不愿意让别人知道，另一方面又往往内心渴望被人理解、得到帮助，但没有勇气去心理咨询室与老师面对面的交流，这种矛盾心理更是加剧了心理问题的严重性。心理辅导活动往往需要学生敞开心扉，真诚地与同学、老师对话。网络的隐蔽性和灵活性，刚好可以无形中帮助学生克

服这一矛盾心理，让学生有自由、隐蔽、安全的空间，增加学生和老师交流的安全感。在这样的环境下，学生更容易敞开心扉，畅所欲言，使得心理问题得到及时有效的解决。首先，利用网络的隐蔽性和灵活性开展网上心理辅导。辅导对象是学生及部分家长，他们可以在值班时间同心理辅导教师进行直接或间接的交流。其次，利用电子邮箱，即通过学校的《青春驿站》，向学生及其家长公布学校心理健康辅导的专用信箱。一方面学生或家长可以快捷方便地发送邮件，无须顾虑他人的看法；另一方面，对于心理辅导教师来说，回复邮件也方便，双方收发邮件都可以不受时间和地点限制。并且，一旦辅导教师收到具有普遍性的问题的邮件，可以将它作为一个专题进行统一辅导。再次，就是开展QQ专线辅导，"来访者"在与心理辅导教师交流时没有任何顾忌。学生能够在QQ上自然地吐露真情，可以不隐瞒自己的立场和观点。特别是有关"性"的心理问题。由于青春期的学生普遍对性知识的渴求尤为明显，在面对面的情况下可能难以启齿，但利用QQ心理辅导方式不仅可以获取真实的第一手资料，而且弥补了面对面辅导咨询的尴尬。最后，开通班级博客、微信班群。在其中心理私语频道，学生可以利用不留名方式在博客上留言，写出自己的烦恼和困惑，心理教师再定期给予解答。这种方式让学生敞开心扉，既解决了心理问题，又维护学生的尊严。

（三）信息技术网络的自主性和无拘束性缩短了师生之间的距离

人具有自我保护的本能。学生因为担心自己的尊严、隐私等受到伤害，遇到问题或困惑时会选择闷在心里或独自发泄等，即使得到心理健康教育者的关注与帮助，也不愿坦陈真实情况和想法，这就制约了心理健康教育的效果。信息技术网络的自主性和无拘束性缩短了师生之间的距离，从而提高了心理健康教育的效果。网络辅导的灵活性和隐蔽性使学生不必担心自己的心理问题被其他人知道，不会担心被同学误解。借助网络，学生以虚拟化的身份出现在辅导员或心理咨询师面前，辅导员可以不知道他是谁，只需要知道他有什么困惑，需要什么帮助，力求通过交流给予其有建设性的意见和建议，从而帮助他解决心理问题。这种角色的隐蔽性能够帮助学生减轻心理负担，敞开心扉，大胆地向老师寻求帮助，同时老师也可以专心做一个倾听者。电子邮件、聊天室以及BBS等的产生与普及，为心理健康教育者与学生间构建了可匿名互动的交流平台。师生之间的心理距离缩短了，有利于提高心理健康辅导和教育的效果。

三、应用信息技术提高学生心理健康有其独特措施

（一）开发网上心理教育资源

信息技术用于心理健康教育资源开发最好的方式就是建立专门的心理健康教育网站或在综合网站、校园网中开设心理健康教育专栏，建立专门的平台为学生提供心理健康教育知识、心理健康自我测评、心理辅导案例等，学生只需键入关键字，便能得到所需材料，能够从与自己相似的案例中找到解决自己心理问题的方法。

（二）开展网上心理辅导咨询

网上咨询具有面对面咨询所不能比拟的优势，网络咨询特别适合于内向、拘谨、不善表达、要求保密的求助者。网络咨询有几种方式：第一，电子邮件咨询。学校可以公开心理咨询室老师的Email等，学生通过Email直接向心理咨询老师寻求帮助。这一方式需要心理咨询老师及时有效地回复学生的求助邮件。第二，在学校BBS网站上开设心理咨询专栏。可以邀请具有一定知名度的心理专家帮助学生解决心理问题。求助者可以匿名提问，学生之间还可以展开讨论和交流。这种方式的影响面最大，学生可以通过浏览网页来寻找解决自己心理问题的方法。第三，网上聊天。以QQ、微信为代表的网上聊天已成为当今人们生活中不可或缺的交流方式，网上聊天可以采用文字、表情、图片、语音、视频等多种形式来表达思想和情感。不同的形式可以满足不同咨询者的需求，求助者可以选择适合自己的方式与心理辅导老师进行交流，寻求帮助。

（三）提供网上自我心理测评

为了让学生更好地了解自我，及时把握自我心理健康。我们可以运用信息技术网络，提供网上自我心理测评平台。信息技术应用于自我心理测评，可以将心理测评软件置于服务器端，建立网络的连接，由计算机人员和心理健康工作人员对服务器进行维护，调整测评对象和内容，给用户设置账户和密码。学生可以通过网络自主地进行心理测评，测评结果保存在服务器上，并及时反馈给该学生，还可以提供给该学生以便日后进行查询，让学生在自我测评过程中不断地进行自我完善和提高。此外，对学校来说保存在服务器上的资料还可以为心理咨询中心提供调查统计资料。

信息技术的交互性、共享性、隐蔽性等特点使得其在心理健康教育和咨询

方面具有独特的优势，是其他方式所不能比拟的。运用信息技术，通过建立心理健康咨询网站等有效的方式，能够更有效地提高心理教育的效果。

参考文献

[1] 郑秀伟.信息技术与心理健康教育的整合 [J].教育科研论坛（教师版），2005（Z1）.

[2] 王霞，左红梅.利用信息技术手段开展学校心理健康教育 [J].山西科技，2008.

[3] 童秀英，杨毅.应用现代信息技术推进学校心理健康教育 [J].河北科技师范学院学报（社会科学版），2007（2）.

◆◆ 浅谈如何培养高中生信息素养 ◆◆

兴宁市第一中学　罗志华　李　峰

培养高中生的信息素养已成为信息时代学生教育的重要内容。本文从提高学生自我防范意识和能力、培养学生信息意识情感及其伦理道德、利用课程资源等几个方面分析了如何培养学生信息素养。

一、提高学生自我防范意识和能力

面对多元思想观念和道德规范并存的网络环境，教会如何选择是我们面对的一个现实问题。首先要培养学生批判性思维。传统的德育强调对既定道德规范和价值观的传承和接受，所用的方法是说教、榜样、说服、限制性鼓励等，然而"把那些预定好的东西兜售、强加给别人，不仅不能产生思想，而且会扼杀德性的发展，因为它们缺乏人性所需要的自由探究、审慎思考和理性的观念。""网络社会"和现实社会一样，多元道德价值观并存，价值观冲突不可避免。个体必须以批判的态度审视各种道德和价值观，根据所处的文化背景来作出自己的选择。其次教育者要正确引导。我们强调教会学生进行选择，并不是倡导相对主义价值观，而是让学生在教师价值观引导下自主地作出选择，把传统的道德规范和价值观的传承变为主体自主选择、自主建构的过程。

1. 自觉确立现代网络理念

在纷繁复杂的信息网络世界里，学会如何筛选有用信息，提高自身抑制信息污染的能力，使自己不仅是计算机网络的使用者，更是网络世界的建设者和真正主人很关键。网络活动虽然在一定程度上有助于网民宣泄不良情绪，但我们要学会区分网络社会和现实生活的界限，不要沉溺于脱离现实的虚幻世界，把上网当作逃避生活问题或者调节消极情绪的主要工具。偶尔的消遣、娱乐是可以的，但持续的上网根本不能解决问题，甚至只是摆脱烦恼。因此，青少年沉溺于网络，借网消愁，只会愁上加愁愁更愁。

2. 全面认识和理智对待网络的心理作用

在欣赏和肯定电脑网络的优越性和积极作用之时，要用全面、理智的眼光，正视电脑网络的负面影响，尤其是对"网络成瘾症""信息污染综合征"的消极影响要有清醒、正确的认识。英国诺丁汉大学心理专家麦克·格里弗斯博士认为，"过分迷恋上网有损身心健康，严重的会导致心理变态，危害程度不亚于酗酒或吸毒。""患者的行为与吸毒成瘾类似，一接触因特网就兴奋异常，没机会接触就寂寞难耐。"可见，网瘾问题的心理危害不容小视，教育学生有较强的自主自控意识和能力十分重要。

3. 养成良好的用"脑"和理智上网习惯

专家建议，普通网民正常的上网时间一般每天不要超过两小时，且在操作一小时后应休息15分钟；在上网之前要明确上网的任务和目标，把具体要完成的事情列在纸上，限定上网时间，准时下线或关机，决不拖延迁就自己的坏习惯；未成年人上网应在家长、老师指导下进行，对于身体虚弱的学生网民，上网更要慎重适时，一旦发觉有身心不适，应及时停止上网，进行医治或休养。

二、培养学生信息意识情感及其伦理道德

信息的意识情感就是能充分利用信息源的潜在意识。一般来说，有较高信息素养的人有较强的价值判断能力、注意力和敏锐度。信息价值观是人们对信息的价值取向，决定着人们对信息的态度和关注程度；注意力是人的一种意识导向，它使人的认识活动有一定方向。具有强烈的信息注意力的人，就能及时得到想要的信息，并使信息及时发挥作用；敏感度是对信息的反应和联想，较强的信息敏感度会促使人对信息产生及时的反应，据此进行迅速地联想和深层

地挖掘，并善于在别人习以为常的现象中获取有价值的信息。而有价值的信息的获取是建立在学生信息伦理道德的基础上的。有较高信息伦理道德的人具有良好的信息道德观，善于区分信息的优、劣、好、坏，并有区别、有选择地加以对待，且对信息的所有权、知识版权、公共信息资源的安全有正确的、积极的态度，这正是信息社会每个公民应具备的信息伦理道德，也是学生信息素养培养重要的内容。

1. 必须教育中小学生应用信息技术时考虑到信息传播面广量大的特点

一定要教导学生遵循信息传播者的道德行为规范，成为富有责任心与追求真理精神的人。例如，学生需要认识到利用网络可以传播有益于人类的科学技术，也可以传播有害的计算机病毒；而且认识到在利用信息技术进行创造与传播时，应该具有一种提升人类道德和理性追求的高度使命感，努力提升自己作品的品位，创造与传播真善美，而不是制造一些对于人类文化发展有消极负面作用的作品；同时应该敢于面对并摒弃社会上的各种负面及丑恶现象与行为，作出正确的价值判断，并且能够自我进行良性疏导。

2. 必须教育中小学生在信息技术应用中相互尊重、相互合作

信息传播是一个在大家共同遵守一定的协议的条件下相互进行信息交换的过程，如果某些人破坏了这些协议，那么信息交换就不能畅通，现实社会如此，虚拟社会也是如此。这些协议的一个重要原则是人人平等，相互尊重，可以说，虚拟社会更加强调这一点。在进行信息交换过程中，没有年龄区别，也没有权威人士与普通人的区别，大家应该相互尊重。利用信息技术可以自由下载各种资料，因此，不但要特别注意尊重他人的劳动，更应该提倡一种用诚实劳动争取美好生活的思想道德，不能够去剽窃和仿冒他人的研究成果，在引用他人的知识劳动成果时应该指明出处；同时还应该注意到利用信息技术可以进行跨越时空限制的大面积传播，影响十分大，因此，利用信息技术进行传播的人们必须要对于自己发表的成果的事实性与科学性负责，做到言之有据，同时在引用他人的成果时要进行理性分析与判断，做到不传播虚假的信息。

三、利用课程资源培养学生信息素养

按照课程理论的观念来考虑，可以把课程分为显性课程与隐性课程。信息技术教育的显性课程即以该课程名称正式列入学校教学计划的课程；其隐性课程的概念比较广泛，既可能是以其他课程名称出现在教学计划，而实际上进行着的信息技术教育，也包括那些没有包含在教学计划中的，由于学习信息技术环境建设而提供的信息技术教育，两者同样要注意学生良好信息素养的培养。

参考文献

［1］周雄俊.高中信息技术课程改革问题分析及对策研究［J］.大家，2011（18）.

［2］赵颖.浅议高校大学生信息素养现状［J］.大众科技，2011（9）.

◆◆ 职高生信息技术素养的培养 ◆◆

龙川县佗城中学　方　辉

职业高中的学生普遍在初中时期，成绩不是很好，有的学生甚至是被个别教师"遗忘的角落"；说直白一些，基础好的学生都上了普通高中，职高学校的生源都是被普高挑选后剩余的学生，其基础知识掌握能力较为薄弱是不争的事实。对于信息技术课，大部分学生理论学习的热情都不高，他们缺乏钻研精神，缺乏积极的学习动机，学习目标不明确，甚至可以说他们在学习上得过且过，效率低下。另外，现代的学生生活环境比较优越，从小缺乏艰苦的锻炼，因此，表现在心理品质上即为严重的意志薄弱、心理脆弱、怕吃苦、学习惰性强，无法对自己作出正确评价，做事急于求成，对社会回报期望值明显偏高。因此，采用传统的教学方法已完全不能适应当代职高教育的要求。

职高生知识基础虽然比较差，但智力素质并不差。他们思维敏捷，动手能力较强，对新事物、新观念容易接受，适应性强；且追求时尚，追求财富，出人头地的梦想非常强烈。所以，我们必须改变传统的学生观及教学方法，从这些方面出发，注重发掘他们的潜力，因材施教，以培养学生的操作能力为主来提高他们的信息技术素养。

一、优化信息技术课程的教学

优化信息技术课程的教学，建立适合职高学校特点的信息技术教学模式，培养学生的信息素养。在职高学校，信息技术课程是一门基础学科，是培养学生具备在现代社会如同"读、写、算"一样重要、让人终生受益的信息技术基本能力的课程，更是培养学生信息素养的主要途径之一。

现在，小学和初中阶段都开设了信息技术课程，学生在进入职高学校以前就掌握了一定的关于信息技术的知识，但由于各种原因，学生对信息技术的掌握程度和理解程度不尽相同。因此，职高学校的信息技术课程必须进行改革，优化课堂教学环节，改变教学模式，有效地发挥学生的主体地位，提高教学效率。

1. 运用"任务驱动法"进行教学

职高学校的教育除要学习高中知识外，还要让学生学习一门技能。教学中，应注重提高学生的主动学习能力。"任务驱动"教学法就是让学生在完成一定任务的过程中学会必要的知识与技能，是一种以受教育者为中心，让学生按照教师、教材提出的某些要求或自己的某些需要去完成某项工作的教学方式。在教学实施过程中，"任务"的创造性设计和构思非常重要。"任务"设计的好坏直接决定了学生学习的兴趣和效果。

因此，我们在设计"任务"时要很好地为学生营造恰如其分的、能体现学生主体性的、让学生感到愉快的学习心理环境。教师要重视每次课引入任务的设计，力争每节课都能为学生带来一个能够满足好奇心的任务。例如，在学习"图形"时，可以给学生布置制作邮票、明信片、标志牌、地图等任务；学习"字处理"时，可以要求学生制作海报、名片、社区指南、日程表、新闻稿等。

2. 尊重学生的主体地位，教会学生学习

信息技术的发展日新月异，人们所使用的技术、软件大多很快被新的、功能更强大的技术及软件所取代，试图通过在学校对信息技术的一次学习而受用终身是不现实的，这也是信息学科区别于其他学科的主要特点。因此，在信息技术课程的教学中，让学生成为主体，尊重他们的主体地位，是培养学生终身学习的关键。教学是教师和学生共同活动的过程。在信息技术课堂教学中，学生处于主体地位，学习情境和教学资源按学生学习的需要被创设和组织。教师则需要对学生的学习过程及过程中的各要素进行调整，控制资源、引导学生与学习环境中其他因素进行良性交流，精心组织资源并将其提供给学生，指导学生安排学习过程，帮助学生解决自主学习中无法解决的问题。整个教学过程就是教师引导学生进行自我学习，充分推动学生发挥参与教学主体能动性的过程。这种让学生自主学习，学会触类旁通，举一反三，为终身学习打下坚实基础的教学方式，真正体现了"授之以鱼，莫若授之以渔"的理念。

以上是优化信息技术课堂教学应当注重的几个问题。在职高的信息技术教学实践中，有一种叫作"Intel Learning Program"的教学模式，它是优化信息技术课程教学的一个比较典型的实例，它采用的是"任务驱动法"，即通过具体的任务，向学生介绍信息技术相关的内容，如文字处理、图形图像、电子表格和多媒体应用技术等，整个学习过程就是学生完成一个个任务的过程。课堂环节主要包括：布置任务（教师布置有关的任务），制订计划（小组讨论、查找相关资料），动手操作（按照制订的计划，制作出成型的作品），认真检查（按照任务提出的要求进行检查），交流分享（作品在网上公布）。

二、创造高雅的校园网络文化，营造良好的校园信息环境

学生信息素养的提高不仅仅有关于信息技术教育和信息技术的应用能力，更与学生所处的信息环境有关，因为，一个健康的校园网络文化环境是培养学生信息素养的根本保证。

1. 建立"绿色网吧"，进行信息道德教育

调查中，我们已经发现了职高学校学生在信息道德方面存在很大的问题，其主要原因是互联网是一把"双刃剑"，一方面丰富多彩的互联网极大丰富了学生的精神世界，激活了他们的创新意识，拓宽了他们的求知途径，为学生信息素养培养提供了良好的机遇；另一方面它直接冲击着学生的思想观念、心理情感、社会交往和伦理道德。由于处于青少年期的职高学校的学生自制力差、辨别力不强、是非观还未成熟，容易误入歧途。如有的学生沉迷于网上聊天、游戏，从而引发网络成瘾；有的学生沉浸在虚拟世界中，造成社会适应能力降低；有的学生崇拜黑客，恶意制造病毒；有的学生受不健康信息的影响，价值观念扭曲；有的陷入色情网站不能自拔等，这都给学生的学习与身心健康造成了很大的危害。因此，职高学校要强化德育管理工作，活跃校园文化，积极开展网络道德教育；完善校园网的监控体系，对互联网积极的一面进行因势利导、积极利用，对其负面影响则采取措施加强防范，把其负面影响降到最低限度。针对学生逃学进网吧的现象，我们可以建立校园"绿色网吧"，把学生的

课余时间利用起来，在教师的指导下，健康、愉快地上网。

2. 加强校园网络建设，丰富校园网的内容

现在很多学校已经建立了校园网，但其利用率却很低，有将近一半被闲置，成为一种摆设。究其原因，是校园网的内容不够丰富，过于单一，缺少趣味性和实用性。因此，营造良好的信息环境，应该在丰富校园网的内容上下功夫，充分利用好这块阵地，提高学生的信息素养。其内容应当包括思想教育类、学习知识类、体育运动类、生活娱乐类、心理咨询类、职业指导类等，除此以外，还应当包括教育教学所需要的各种教学资源、软件以及素材等。

3. 学校要积极鼓励信息资源与软件的应用

建设信息系统的目的就是要通过信息资源和软件来营造培养信息素养的环境，提高学校的教育与管理水平。因此，要采取各种有力措施鼓励师生积极参加各种有益的活动，应用信息技术，提高信息素养，如开展网上热点问题讨论、网页设计竞赛等活动。

信息素养是一种高级认知技能，培养职高学生信息素养是一项长期而系统工程，需要家长、学校、教师高度重视。要根据信息时代的要求，共同努力把职高生培养成信息道德高尚、信息技能过硬、自学能力强、全面发展、能终生学习的人才，为他们将来的发展打下一个良好基础。

教学方法研究

◆◆ 探究式教学方法在中学信息技术教学中的应用 ◆◆

东凤中学　叶志师

新课标倡导探究式的教学方法。探究式课堂教学就是以探究为主的教学，指教学过程是在教师的启发诱导下，以学生独立自主学习和合作讨论为前提，以现行教材为基本探究内容，以学生周围世界和生活实际为参照对象，为学生提供充分自由表达、质疑、探究、讨论问题的机会，让学生通过个人、小组、集体等多种解难释疑活动，将自己所学知识应用于解决实际问题的一种教学形式。

本项实验研究旨在探索出既适合中学生身心发展又具时代特征的教学方法，以更好地培养学生的创新意识、创新精神、创新能力和解决实际问题的能力。

一、我国信息技术教育的现状

当今世界是一个信息化的社会，信息产业的发展突飞猛进，尤其是计算机科学的发展。它正以惊人的速度改变着人们的工作方式、学习方式、思维方式、交往方式乃至于生活方式。因此，世界各国都非常重视信息技术的教育，特别是中学信息技术的普及教育。中学信息技术教学的主要目的是让学生了解计算机文化、初步掌握一些计算机基本知识和技能的同时，进一步激发学生的学习兴趣，增强信息意识和创新意识，有效培养学生对信息的收集、处理、应用和传输的能力，培养学生的自学能力和创造能力，在开发智力、授人以渔的教学过程中培养学生的创新精神。

那么，在信息技术课堂教学中如何培养学生的创新精神呢？

改变传统的教学模式是培养学生创新精神的前提，根据信息技术学科的特点，信息技术学科教学对于全面推进素质教育，培养跨世纪人才具有独到之处，计算机不仅是一种现代化通用工具，还是"电脑"，它能够模仿人类思维的方法和习惯，是发展智力、开发学生创造力的有力工具。信息技术学科教学具有很强的实践性，学生可以综合应用自己所学到的各学科的知识和方法，亲自指挥计算机工作，来实现自己的创意，达到自己想象的境界，完成自己的各项任务。信息技术课程与其他学科相比，是一门具有明显时代特色、广泛的工具特点、突出的操作技能，并与其他学科、生活以及社会紧密相连的课程[1]。这也正是它与其他学科不同之处。信息技术学科是开发学生智力，培养学生能力，全面培养学生素质的最具有活力、最有发展前景的一门学科。然而，目前传统陈旧的教学方法和教学模式还在影响着信息技术学科教学，致使信息技术课堂教学效率不高，甚至使学生感到信息技术学科枯燥、乏味，对信息技术课不感兴趣。因此，突破传统的教学思想和教学框架，实施创造教育，构建新的教学方法和教学模式，让信息技术课堂教学焕发出应有的生命活力，已迫在眉睫。

所谓的教学模式，是在一定教学思想、教育理论的指导下，教学活动诸要素依据一定教学目标、教学内容及学生认识特点，所形成的一种稳定而又简约化的教学结构。也就是按照什么样的教育思想、理论来组织你的教学活动进程，它是教育思想、教学理论、学习理论的集中体现。教学结构的改变必然会触动教育思想、教学观念、教与学的理论等根本性的问题，可见，教学模式的改革是深层次的改革。

二、改革教学模式，鼓励学生自主学习

（一）传统教学模式

在我国的传统教育中，比较重视"是什么"和"为什么"的知识，而不太重视"怎么做"的知识，这直接导致学生的动手能力、实践能力较差。此次课程改革，特别强调了课程的功能要从单纯注重传授知识转变为体现引导学生学会学习，学会生存，学会做人[2]。我们可以利用计算机的特点和学校的网络教室，运用多媒体技术和网络技术，充分创设情境，设计出自主学习的新模式。

比如，根据《信息技术课程指导纲要（试行）》（以下简称《纲要》），我们可以把信息技术课的主要内容制作成网页式课件进行教学。如将教学内容

分为计算机基础、计算机应用、多媒体天地、因特网入门等几大模块，在各模块中，一方面包含《纲要》的内容，另一方面把最新的信息和技术融合进去。这样，既有基础知识，也有与之相关的新信息、新产品、新知识等。学生在这样的学习环境下，能摆脱教材的束缚，获得更多、更广泛的知识，更重要的是培养了学生自主学习的方法和技能。

（二）探究式课堂教学

1. 什么是探究式课堂教学

探究式课堂教学是以探究为基本特征的一种教学活动形式，它包含着两层意思：第一层什么是探究式，第二层什么是探究式课堂教学。

所谓探究，就其本意来说，是探讨和研究。探讨就是探求学问，探求真理和探求本源；研究就是研讨问题，追根求源和多方寻求答案，解决疑问。现在我们常说教学要创新，怎么创新？许多人感到迷惘。其实，创新就是推动事业不断向前发展的动力，这就是我们所讲的创新活动，就在我们身边。创新在一个个探究实践活动中，用理论去指导实践，在实践的基础上再总结出新的理论，这就是我们提倡的探究式教学。

2. 传统教学与探究式教学对比

传统教学模式与探究式教学模式有根本的区别，如表1所示。

表1 传统教学模式与探究式教学模式的区别

	传统教学模式	探究式教学模式
教学内容	单一学科，教材为主，内容封闭	综合性教学，内容开放
知识特点	学习组织好的信息	强调发现和创新学习
学习起点	以事实为学习起点	以问题为学习起点
教学方式	说教式为主	交互式学习
课堂活动	教师授课为主，教师是专家，学生往往被动学习	以自己探索为主，学生是主体，教师是辅导者、助手
师生角色	师生角色是相对固定的	师生在学习互动中经常发生角色的互换
学习组织	班级授课，个人学习为主	交互、合作学习成为重要形式
教学评价	强调学习结果，对具体的知识和技能进行评价	重视学习过程，对学习过程进行综合性评价

3. 探究式课堂教学优势

探究式课堂教学特别重视开发学生的智力，发展学生的创造性思维，培养自学能力，力图通过自我探究引导学生学会学习和掌握科学方法，为终身学习和工作奠定基础。教师作为探究式课堂教学的导师，其任务是调动学生的积极性，促使他们自己去获取知识、发展能力，做到自己能发现问题、提出问题、分析问题、解决问题；与此同时，教师还要为学生的学习设置探究的情境，建立探究的氛围，促进探究的开展，把握探究的深度，评价探究的成败[3]。学生作为探究式课堂教学的主人，自然是根据教师提供的条件，明确探究的目标，思考探究的问题，掌握探究的方法，敞开探究的思路，交流探究的内容，总结探究的结果。由此可知，探究式课堂教学是教师和学生双方都参与的活动，他们都将以导师和主人的双重身份进入探究式课堂。

（三）探究式教学模式的意义

倡导探究式教学，不仅是新课改的核心和突破口，是学生学习信息科学十分有效的学习方式，也是真正"推进素质教育，培养创新人才"的重要途径。

第一，探究式教学模式有利于改变学生的学习方式，使学生由被动接受到主动探究，调动学生学习的积极性，使学生的学习能力、思维方法、创新精神和实践能力得到培养，为终身学习打下基础。

第二，有利于提高课堂教学效率。简单的问题由学生自己总结获得，可以帮助其集中精力，突破重点难点知识，使时间的利用和分配更为合理，特别是学生参加了知识的发现、探索和获得过程后，对知识的感知、理解、记忆会更加深刻。

第三，有利于学生情感交流和个性发展，在探究的氛围中，学生积极、主动、放松，大脑处于活跃状态，因此其参与意识、竞争意识、表达能力都会有所发展，经常有成功的激励，其自主学习的动力也会大大增强。

第四，有利于新型、民主、和谐的师生关系的建立。

第五，有利于探索中学新教材的有效教学方法，促进中学课改的深入发展，完善发展课堂教学模式理论。

在这样一个日新月异的社会里，作为教育者，我们有责任不断进行教育改革，不断研究教育规律，进行有效教学，为学生营造良好的学习氛围，促进他们主动发展、积极进取，使其成长为具有终身学习能力、创新意识和创新本领的人才。这是我们始终不变的追求，相信在"探究式"教学模式的构建过程中我们会离这个目标越来越近[4]。

（四）在中学信息技术教学中如何开展探究式教学

笔者对广东省中山市东凤中学初一年级学生信息技术探究式教学方法的情况进行调查问卷，结果95%的同学在小学时就接触了计算机，37%的同学家里拥有计算机，81%的同学要求老师在上课的时候可以给他们时间让上网查阅资料，55%的同学认为自由上机的时间太少，63%的同学反映他们在自由上机的时候是在查找资料的。

通过这次调查，我们可以知道因为居住在珠江三角洲的优势，大部分学生接触计算机比较早，他们乐意接受师生互动的环节，渴望能够自己动手解决问题。

探究式教学把教学活动看成是学生的探究过程，教师指导学生探究，并且他们只是为学生学习服务的。即是达到教学目标的一种方法[5]。我认为教学过程中不是看教师讲得什么样，而是应该看学生学得怎么样。怎样才能达到这个目的，可以通过以下方法：一是增加学生探究活动时间，尽量减少教师的活动时间，将教师的语言在尽可能的基础上减少，最好能够控制在10分钟内，留充足的时间给学生思考。二是尽可能改进学生探究活动的方式，不断地保持和提高学生对探究学习的兴趣和质量。三是教师要深入地学习探究式教学的最新理论，只有丰富了自己的理论知识，才能理解探究式教学的实质，并更好地运用于课堂教学，组织好学生的探究学习。只有通过这三方面的努力，才能真正体现一堂课的效益，才能真正深化探究式课堂教学的主旨。

探究式课堂教学在教学内容的运用上，我认为既凭借教材又不局限于教材，教学过程中教师可根据学生学习的要求，随时调整与更新教学内容，如课堂中学生对某些内容、某些实验操作特别感兴趣，教师可做临时调整，增加一至数倍时间，以满足学生的好奇心与求知欲，以培养他们的探索精神。教学以启发式的教学方法为指导思想，教学中，教师应特别注重指导学生学会学习，学会发现与探究，还更须注重实践方法的运用，在课堂教学中要采用多种多样的方式给学生以实践锻炼的机会。

任务驱动是实施探究式教学模式的一种教学方法，从学习者的角度说，任务驱动是一种学习方法，适用于学习操作类的知识和技能，尤其适用于学习信息技术应用方面的知识和技能[6]。任务驱动教学使学习目标十分明确，适合学生特点，使教与学生动有趣、易于接受。任务驱动的特点之一就是围绕任务展开教学，因此，任务的设计、编写非常重要，既要注重方法和知识体系，还要想到融进信息技术的文化性、综合性，渗透其他学科知识。

下面将重点就任务驱动教学模式谈几点看法：

1. 精心设计任务

（1）趣味性与成就感的统一。

爱迪生曾说过"兴趣可以创造出人间奇迹"。任务的设计要以激发学生学习的兴趣为出发点，以满足学生的探究欲望为主观愿望，以完成教学任务为最终目标。其出发点、主观愿望和最终目标是相互制约的统一体，任何一个环节的差错都会使课堂教学失败。

下面以讲解广东科技出版社《信息技术》八年级第一章的《声音媒体》一节为例。用Cool Edit软件进行一句话的录制，然后通过改变采样频率的方法得到不同的音质，通过不同的播放频率得到不同的声音（男声变女声）。首先使学生有较高的兴趣并产生探究的愿望，然后让学生自己看书理解"声音的数字化"小知识。最后让学生用"录音机"录制一段声音并试听，通过改变录音音量和效果来试验，并将自己理想的作品保存下来，老师可以播放学生的作品以示鼓励，从而在有趣的试验中完成教学任务。

（2）安全感与探究欲的结合。

信息技术课的操作课时占总课时的80%，几乎可以说操作课上好了，信息技术课的任务也就完成了。但由于学生操作时有一个熟悉的过程，操作中难免会出现误操作，对系统的损坏在所难免。教师要让学生放开手脚去实践，不怕失败，虽然会给维护教师增添工作量，但教师也不能因小失大。教师在强调尽量不出现误操作的情况下，应鼓励学生大胆尝试，出现问题也不要一味地批评，应就问题的出现加以引导并给予鼓励，不要怕出现问题而责难学生，使学生失去探究的欲望，而减少创新能力锻炼的机会。因此，操作任务的设计应多考虑学生可能出现的操作问题，尽量在操作前给予提示，以节约学生对细小问题的探究时间，将主题集中在设计好的几个任务上，提高课堂的效率。

如在讲到Midi知识时，可以让学生通过对同一段音乐用Midi播放，然后用录音机进行线路录音成WAV格式，用对比的方法看两种声音的容量大小，以加深学生对Midi音乐的印象。在此过程中学生可能会出现的问题有许多：如没有改变录音的音源、录不到声音、没有改变"录音机"缺省的60秒录音时间使时间不够长等问题。因此，要预先给予提示，并指导操作，可以通过WinGroove等软件让学生体会Midi音乐的多乐器特点，并给学生出一道有一定难度的题：改编一首现存的Midi音乐成自己的乐曲。

（3）灵活性与具体性的关系。

任务的设计本身不可能考虑得十全十美，况且信息技术以操作为基础，不可能也没有必要固化所有步骤，任务的完成是以结果为目标，中间过程应允许学生出现问题并自己解决问题。所以在设计任务时的操作不应作为重点，给予提示即可。但在关键的步骤上必须加以强调，特别是特定的操作、不可回避的步骤一定要给出，否则学生不能达到目的，往往会产生畏难的心理，对任务的完成产生负面影响。

2. 合理组织课堂

根据任务设计合理组织实施课堂教学，是完成任务的关键。分五个步骤：

（1）任务的提出。

设定课题、提出要求、明确目标。

任务的展示千万不能泛泛而谈、含糊不清，应落到具体的某一点上。有的老师在设计任务时，认为就是本课的教学目标。其实不然，任务应有它的可行性，操作性，且有大有小，有的任务可能只有一步，而有的任务可能要结合前面已经完成的任务进行，所以应避免流于形式，走传统授课的老路。

（2）教师引导。

进行重点、难点分析，提供解决问题的思路，指引完成任务。

任务设计中已经考虑过学生可能遇到的难点，所以上课操作前应针对重点、难点进行必要的分析，提供暗箱式的思路，给予达到的途径引导。学生在没有任何心理准备的情况下遇到任务往往有一个时间差，对任务的理解也有一个过程，如何在有限的时间内使学生完成任务而少走弯路，需要进行必要的暗示。但应以暗箱式给出，即只给出首尾而忽略中间，千万不可固化步骤，以免禁锢学生的思维。

（3）学研结合。

教师应为学生提供理论学习和实践操作必要而充分的条件，引导学生学、练、研相结合，探索知识规律和奥秘，寻求获取知识、掌握科学规律的方法。

没有必要的条件（如学生需要的硬件条件和软件环境），学生是没有办法完成任务的操作的。如果学生有心进行尝试性操作，教师必须给予充分的肯定，当时确实没有条件的情况下应给予鼓励，并在日后满足其条件。比如，学生想自己看相关的讲解光盘时，我们不要替代讲解，可以通过虚拟光驱等形式在网络教室中给出，让学生随时可以找到老师。

（4）检验与评价。

任务完成的好坏也要在任务设计中予以考虑，这样在实际操作中进行检验与评价时就可能不会出现自己预想不到的结果，以免仓促之间没法解释或离题太远，当然原则上检验与评价以鼓励为主。

（5）扩展和细化。

任务的完成不等于学习的结束，对于学生来说，求知欲的强弱与教师的引导有很大的关系。学生的水平有很大的差距，因此，任务的设计是有弹性的，那么任务完成的好坏也是有差距的，所以"不能让学生吃得太饱，也不能让其饿着"，这就要求在教学过程结束前对任务进行扩展和细化，即对完成得好的学生应提出扩展的意见，对有难度的学生应给出细化的要求。如在讲到多媒体录音一节时，完成既定的任务后可以加上一句话"会录音了的同学可以考虑将VCD上的声音录下来，还不太会的同学可以参考'录音机的使用'学会给已录的声音配上更好的效果"。

3. 课外任务的设计原则

信息技术课外不是没有作业，而是可能比任何学科都多，但不能以传统的形式给出。我们知道，素质教育以先进的现代技术和理念为基础，信息的获取与整理是必须具备的素质之一，信息技术与其他学科的整合已经被国家教育机构所重视。因此，如何让学生在课余也能用到信息技术的原理和手段来获取知识和能力本身就是任务驱动教学的延伸。在设计课外任务时的原则应以应用为主，通过应用来达到巩固和创新的目的。这里所说的应用不只是信息技术书本上的东西，而是比较全面、比较广阔的范围内对新知识和技能的获取与实践。

总之，探究式课堂之任务驱动的教学模式改变了传统的教与学的结构，使学生真正成为学习的主体，教师除了具有辅导者、引导者的身份外，不具备其他任何权威。这一模式的远景将是非常美好的：即将来的教师可能完成其历史的使命，退出历史舞台，学生将可能通过计算机网络随时获取帮助并随时成为教师，这种电子学习的方式已经为思科等国际性大公司所采用。这种学习方式应用到学生、应用到教室相信只是一个时间性的问题，它将完全改变传统的学习方式，使因材施教真正落到实处，让每个学习者都将学习当作一种终身享受。

参考文献

［1］乔建忠.课堂教学心理学［M］.江苏：江苏人民出版社，1997.

［2］施良方.学习论——学习心理学的理论与原理［M］.北京：人民教育出版社，1992.

［3］宏福主.21世纪中学创新教学实验设计与探索全书［M］.内蒙古：内蒙古少年儿童出版社，1999.

［4］德洛尔.学习—内在的财富［M］.北京：教育科学出版社，1996.

［5］查有梁，沈仁和，等.教学论［M］.北京：广西教育出版社，1996.

［6］王升.论研究性学习［M］.北京：教育科学出版社，2002.

（本文2010年11月参加全国中小学教师"信息技术与教育创新"论文大赛，获全国三等奖，颁奖部门：中央电化教育馆。）

◆·TPACK框架对信息技术教师的启示 ◆·

饶平县城西实验中学　洪文广

一、TPACK的概念

20世纪80年代，学教科学知识（Pedagogical Content Knowledge，PCK）第一次被提出，舒尔曼解释为教学学科知识和教学法知识可以进行一定程度的整合。2001年Pierson提出TPCK（Technological Pedagogical Content Knowledge），也就是利用技术辅助教学。2006年由密歇根州立大学Punya Mishra和Matthew

J.Koehler在PCK的基础上提出TPACK，是为了弥补在Webquest阶段和TELS阶段只强调"技术"和"学生对技术的应用"而忽视"教师在教学过程中的作用"这些缺陷。

TPACK，是利用技术来对教学质量进行改造，让学生的学习效率更高，并重视教师在教学过程中的作用，它将技术知识、内容知识和教学知识有机地结合起来，如图1所示。

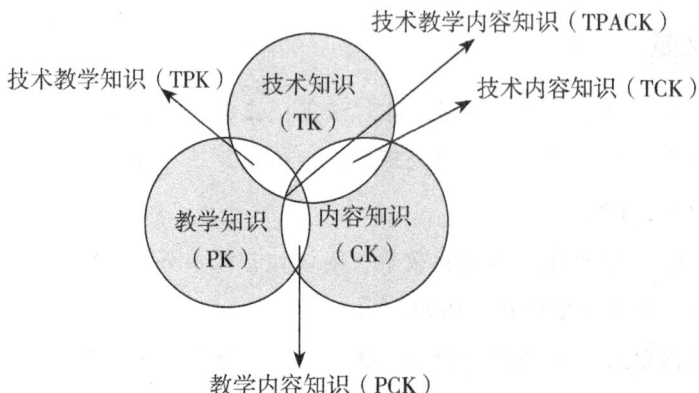

图1　技术教学内容知识（TPACK）

TPACK，就是整合技术的学科教学法知识是由技术知识（TK）、教学知识（PK）和内容知识（CK）三个单因素组成的，以及由它们整合而成的技术教学知识（TPK）、技术内容知识（TCK）、教学内容知识（PCK）和技术教学内容知识（TPACK）七个方面组成的。也即，TPACK是一种关于教学工具及其功能、教学法、教学内容，关于学习者和情境等多种知识成分综合成的，它能有效应用技术解决特殊主题学科内容的"展示难、理解难"等现行教学中的问题，并取得较好教学效果的知识形态。

二、TPACK特征和信息技术的特征

（一）TPACK特征

1. 引导性

TPACK要求教师必须在原有知识的基础上具备新的知识。教师是知识的传播者，是学生获取知识的重要来源。TPACK是一种全新的教学框架，需要教师在实际教学过程中实施并了解教学效果和教学质量；教师不再只是简单的传授

者，而是课程的设计者，学习效果的监督者，对学生的学习起到监督和引导作用；让学生能够自主利用技术获取新的知识，并且重视教师在利用技术教学过程中的重要作用。

2. 融合性

TPACK包括技术教学知识、技术内容知识和教学内容知识，它们不是简单地叠加或混合，而是把它们进行整合（或融入）；它们不再是单一的个体，而是相互融合。也就是对于教学而言，不再是简单地强调技术至上、技术的高级，而是要将技术与教学内容、学习方法进行融合，应该关注信息技术环境下的"教与学"的关系，培养学生的自主学习能力，让学生从"要我学"向"我要学"转变。

3. 情境性

PACK（整合技术的学科教学法知识）的适用范围是在教学情境，也就是它被运用到教学情境中。教学情境是不断变化的，教师也根据情境的变化及时调整。同时，教学情境也是TPACK的必要条件和实践环境，TPACK正是在教学情境中不断发展和形成的。在教学情境中，教师才能更好思考技术知识、内容知识和教学法知识之间的关系，不断丰富自己的经验，将TPACK运用以改善教学效果。

4. 实践性

TPACK的内容知识和教学知识一方面来自实践工作，内容知识主要有"理论知识"和"实践获得的知识"，教学工作需要教师不断实践，TPACK的内容是对技术知识、内容知识和教学法知识的综合，需要从实践中不断操作获得，教学中遇到的问题也要通过实践去解决，从而丰富TPACK。同时，TPACK涉及技术方面的知识，某位老师上课运用的内容知识可以很好地用语言表达，但是其中的技术知识却很难准确用语言表达，所以需要老师自己在实践中操作，自己去领悟，自己去体会TPACK。

5. 选择性

正如我们说没有超级媒体一样，也不存在万能的教学方法与教学设计。

TPACK是技术教学知识（TPK）、技术内容知识（TCK）和教学内容知识（PCK）的融合，也就是要求教师要自己去把握教学内容、教学设计和采用的技术，因为学生的实际不同，课程的设置不同，课程的要求也不同，所以没有任何一种教学设计可以符合所有的课程及所有学生的教学，这需要每位老师自己去探索、设计符合实际教学的教学设计。

6. 时代性

众所周知，信息技术是随着时代的发展而不断发展的，因此，TPACK的内容和要求也在不断发生变化，所以信息技术具有时代的特点，这要求教师也需要不断学习，选择那些适合学生的内容和教学方法以及使用信息技术。

（二）信息技术的特征

现在是一个信息社会，信息技术的发展日新月异，因此，掌握信息技术，培养学生的信息素养，提高学生获取信息、收集信息、加工信息的能力尤为重要。小学信息技术是学生学习信息技术打基础的阶段，学生所学习的信息技术知识，培养的信息技术能力，要能简单操作系统、利用互联网查找所需的信息，是学生以后上中学乃至大学信息技术的基础。所以，如何提高学生掌握信息技术、学好信息技术是教师应该考虑的重中之重的问题。

信息技术课与其他学科课程不同，它具有自己的特征。可以概括为：

1. 技能性

技能性信息技术课是一门技能性很强的课程，虽是一些简单的操作技能，但如果学生学会了，将是终身受益的，这就像我们学会骑单车的技能一样，会了，终身会骑。比如打字、基本计算机软件的操作等。

2. 生动性

学生注意力比较差，容易分散精神，而且对于长时间的讲授不感兴趣，因此教师在设计课程时应注意考虑课程的生动性，可以采用声音、图片或视频等多种方式；针对学生喜欢玩游戏的心态，也可以在课程加入游戏环节，比如开展打字比赛，寓教于乐。

3. 操作性

信息技术与其他课程不同，既要注重讲授，也要考虑操作。对于学生来说尤为重要，教师在讲完一个知识点时，就要让学生及时操作，了解学生对知识点的掌握。考虑到学生遗忘速度较快，因此，教师还应该让学生多操作，多复习，多巩固。

4. 创新性

随着时代的发展和课改的要求，教学内容也在不断发生改变。教师在选择教学内容时要不断创新，而且在对同一个教学内容时，教学方法也要不断创新，可以选择结合当时生活的例子等来辅助教学。

三、当前对TPACK认识的误区

（一）为了技术而整合

很多老师对信息技术与课程整合认识不足，他们认为，使用计算机上课就是进行课程整合，就是实现信息技术与课程的整合。于是很多教师只学习了几种简单软件的操作，比如PowerPoint、Excel、Word等，便认为自己掌握了信息技术，有的时候是什么内容都用计算机上课，造成计算机滥用，或仅仅是为了省板书，把计算机当成呈现教学内容的工具，很多时候他们根本不知道什么时候该用计算机、用什么软件教学效果比较好，甚者直接从网络下载别人的PPT进行教学，结果只能是东施效颦、适得其反。而信息技术这门特殊的课程，有些老师为了技术而技术，只注重技术的先进，而不考虑学生的实际需要以及学生是否能接受，直接采用讲授法，把知识灌输给学生。

（二）重"硬"轻"软"

目前很多学校注重硬件建设，建立多媒体教室、智慧校园等，却忽视软件的建设，多媒体课件、各种教学资源跟不上，教师很少自己制作课件，只能拷贝、下载，忽视学生真正的需求，导致教学效果不佳。

（三）忽视学生需求

很多教师对TPACK存在错误认识，只注重知识的传授和技术的使用，却忽略了学生是否能理解新知识、是否能操作新学的软件，甚至还以为放任学生练习就是重视学生的主体作用，错把放任当作发挥学生自主能力。

四、TPACK框架对信息技术教师的启示

明代王守仁提出"知行合一并进"的观点，陶行知在此基础上提出了"教学做合一"的教学思想，学者钟志贤则以"知行合一"作为革新大学教学模式的理论认识与实践行动框架。因此，要学好TPACK，不仅要在知识方面努力，也要在实践方面下功夫。

（一）增加知识储备量

TPACK包括的知识有技术知识（TK）、教学知识（PK）和内容知识

（CK）三个单因素，以及由它们整合而成的技术教学知识（TPK）、技术内容知识（TCK）、教学内容知识（PCK）和技术教学内容知识（TPACK）。因此，教师不仅仅要掌握简单的技术操作知识、教学知识和内容知识，最重要的是要将所学的知识进行整合。整合不仅仅是简单的叠加，或者在教学过程中使用计算机就是进行整合。很多信息技术教师掌握技术知识不足，甚至跟不上时代的发展，难以与教学内容结合进行教学。因此，教师应该利用课余时间为自己充电，不仅仅学习信息技术知识，更重要的是储备如何将信息技术与课程整合教学的知识，学会根据课堂情况灵活应变。在上信息技术课时，也要考虑什么时候该使用信息技术、该利用什么软件教学，学生能否接受新的知识点等。

在上课的过程中，由于学生注意力集中时间有限，且更注重具象思维的发展，所以教师在上课的过程中应该合理安排时间，在讲完知识点后让学生及时上机做练习，这时教师要在教室巡逻观察，了解学生对知识点的掌握程度，通过学生的反馈更改自己的教学，并可以使用TPACK自测表进行测量，测量自己还存在哪些问题，还有哪些不足并进行改进纠正，找到提高教学质量、教学效率的方法。

不仅如此，在上课过程中，还要注重信息技术与情感教育整合的知识。在新课改过程中，在教学中穿插情感教育知识，提高学生的德育、美育、智育水平。因此，这就要求教师要学习关于学校道德教育的知识并进行整合，在学习中得到德育的熏陶。

（二）在实践中提高整合水平

1. 加大培训力度

很多信息技术教师对TPACK认识明显不足，认为使用信息技术就是进行整合，但因为对整合的认识不深，很多老师只是为了应对任务，为了整合而整合。一些新教师，职前在学校只接受专业知识的学习，经验稍缺乏。在进入学校教学时，如何将信息技术与课程整合提高教学效果，很多老师对此都不清楚。这方面学校要加大对教师的培训，与培养技术相比，更重要的是要培养教学法。技术再先进，只是一种工具，一种辅助教学的工具，与教学法的融合才是根本。可以邀请专家开展"讲座"，提高教师对TPACK的认识，树立整合意识，指导教师学习操作软件，通过一些实例为教师指明如何将TPACK应用于教学中，为教师提供指导意见。不仅如此，还要让教师接受对学生心理的培训，掌握学生的心理，了解学生的思维，开展针对性教学。

2. 合作制作课件

目前很多教师上课用的课件都是直接从网络下载，殊不知没有完全一样的学生，不同的课件适用不同的学生。但如果让每个教师自己制作课件，那也是不现实的。因此，学校要开展技术学习，即让教师组成团队，有人负责教案设计，有人负责技术支撑，制作符合学生特点的课件，把它上传到校园网进行资源的更新，并提供上传、下载；教师间开展交流平台，及时讨论教学效果并进行不断完善。在制作课件时，根据学生的思维特点，尽量选择生动有趣的画面吸引学生，并且内容不能太难，但太难容易又会降低学生的学习兴趣。

3. 开展分层教学

对于信息技术，学生的水平参差不齐，如果教师采用同样的方法进行教学，有可能造成能力高的学生缺乏兴趣，能力低的学生吃不消，最终影响班级的教学。因此，教师要先摸清学生的情况并进行分层，不仅人员分层，教学内容也一样要分层。同时，针对学生容易遗忘的特点，让各个层次的学生多进行练习，练习的难度应有所不同，当学生已经能够完成较易的试题时，及时调整让学生练习更高难度的试题，不断进步。

4. 观摩示范

每个学校的师资和资源不尽相同，教师的上课方法、技术程度与内容维度都不一样，如果让每位教师自己学习、摸索并总结信息技术与课程整合，提高对TPACK的认识，这显然是很难达成的。网络是一个很好的交流平台，资源十分丰富。不同地区的教师对信息技术与课程整合理解不同，水平参差不齐，为了进行教学交流，可以让专家或经验较丰富的教师进行上课，示范的不仅仅是技术的操作，还有内容与教学法的整合，然后制作成视频进行上传，方便教师看视频进行学习观摩，从中获取信息技术与课程整合的知识与方法，应用到教学中，提高教学质量。同时，针对学生模仿欲较强，趋向于具象思维的特点，教师在教学时可以将知识点制作成视频，学生在上课时可以观看视频进行学习，也可以在课外自己看视频进行复习，提高学习效率。

5. 完善评价机制

教学评价的目的是为了全面了解学生学习的状况，激励学生学习的热情，促进学生全面发展，也是教师进行反思和改进教学的有利手段。当前很多老师对教学效果的评价、对学生对知识点的掌握程度往往都是通过考试来测量的，但考试往往具有不确定性和片面性，如何设立更加人性化的评价机制，是新课改以来要思考的。

教学评价的方式应更趋多样化，不仅仅是一张冷冰冰的试卷，针对信息技术这门特殊的课程，教师可以设立多种评价方式：一是开展课堂练习大比拼，在知识点讲完后让学生及时练习并当堂测试；二是学生对参与活动的积极性较高，教师可以针对这个特点，举办一些活动，如知识竞赛、打字比赛、图片搜集等，激发学生的学习热情和积极性；三是采用自评与互评方式，学生互相评价自己的作品，发现优点与不足，成为学习的主人。教师也要进行评价，如同行之间通过听课等方式进行互评，找出自己不足的地方并进行改进，通过不断改进促进教学，提高教学效果。

6. 加强训练

每位教师的能力和讲课方式不同，加强训练是让教师互相检验，互相学习的一种好方法，但每人的实际情况都不同，因此，要将教师进行分层，进行适情训练。所谓适情就是根据实际任务，灵活地组织人员，选择适合实际情况的组织方式进行教学。可以定期对信息技术教师进行训练，设定同样的教学内容，让不同水平的老师各显身手，讲课后大家互相讨论学习，提高各自的能力与水平。

五、小结

TPACK是一个比较新的概念，有关研究正逐步进行。本文主要论述了TPACK的概念和特征并结合信息技术的特征以及当前信息技术教师对TPACK的认识误区，在知识储备方面和实践方面，对信息技术教师提出更高的要求和参考意见，希望信息技术教师将技术知识（TK）、内容知识（CK）、教学法知识（PK）有机结合起来，提高对TPACK掌握运用的能力，以进行更好的教学。

参考文献

［1］张利桃.TPACK整合模式在高校教学中的实施——以"教育电视节目编导与制作课程"为例［J］.电化教育研究，2013（4）.

［2］李海峰.TPACK框架下的教师素养研究［J］.现代教育技术，2013（5）.

［3］CHAROULA A，NICOS V.TPCK in Pre–service Teacher Education：Preparing
　　Primary Education Students to Teach with Technology［J］.New York City：
　　Annual Meeting of the American Education Research Association，2008
　　（5）：24–28.

［4］何克抗.TPACK——美国"信息技术与课程整合"途径与方法研究的新
　　发展（下）［J］.电化教育研究，2012（6）.

［5］卢强.TPACK视域下职前教师教育模式的重构［J］.信阳师范学院学报
　　（哲学社会科学版），2011（1）.

［6］祖松娟.新课改背景下信息技术与课程整合的途径和方法［J］.吉林教
　　育，2013（7）.

［7］钟志贤.大学教学模式革新：教学设计视域［M］.北京：教育科学出版
　　社，2008.

［8］闫志明，徐福荫.TPACK：信息时代教师专业化的知识基础［J］.现代
　　教育技术，2013（3）.

［9］喻玲玲，钟志贤.中小学信息技术与课程整合的误区及其对策探析
　　［J］.江西广播电视大学学报，2013（6）.

［10］卢强.TPACK视域下职前教师教育模式的重构［J］.信阳师范学院学报
　　（哲学社会科学版），2011（1）.

网页教学视频资源下载的方法和技巧

兴宁市第一中学　黄文杰

　　日常备课中，教师经常在网页上看到好的教学视频资源，但苦于无法方便快捷地下载在电脑上，以供课堂使用。本论文研究介绍如何下载网页教学视频资源，总结介绍了多种方法，包括用软件端、使用360浏览器插件、使用其他软件，以及使用其他灵活方法等，能有效地帮助教师下载需要的网页教学视频资源，提高教师的信息技术能力，是教师备课工作中的好帮手。

　　日常备课工作中，我们经常会在网页上看到一些很好的视频资源，想应

用在课堂教学中，如果在课堂上直接网页在线播放的话，首先教室里得有网络；其次，网页播放可能会带来很多与课不相关的内容，易分散学生的注意力，有很多不可控制的因素。所以我们都希望把这个视频下载下来，而且是一个常见格式的视频文件，这样可以非常好地在课堂中应用，同时可以长久保留、传输。接下来，我把下载网页教学视频资源所积累的一些经验和大家交流分享。

一、优酷网页

网址前端部分为www.youku.com的，即为优酷网页。单击网页中视频左下角第二个图标"下载"（图1-①），弹出"下载视频到电脑"窗口后，单击"下载本视频"（图1-②），网页检测如果没有安装优酷客户端，则会弹出安装程序下载窗口，请下载安装并启动优酷客户端，然后重新单击网页视频右下角的"下载"。

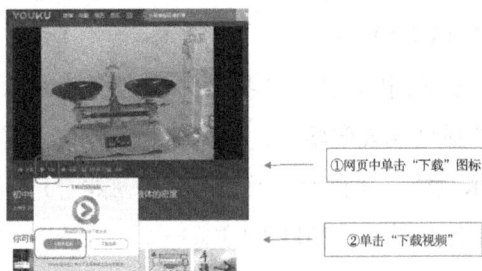

①网页中单击"下载"图标

②单击"下载视频"

图1 优酷网页

网页启动优酷软件，弹出"新建下载"窗口（图2），选择保存路径（图2-①），可选择视频清晰度（图2-②），单击"开始下载"（图2-④），即可下载该视频。

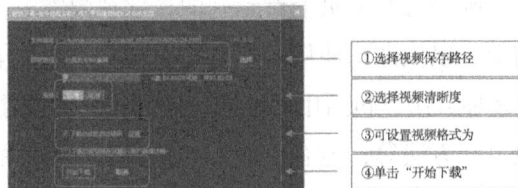

①选择视频保存路径

②选择视频清晰度

③可设置视频格式为

④单击"开始下载"

图2 "新建下载"窗口

需要注意的是，优酷下载的视频为KUX格式，只有优酷播放器才能播放，兼容性不高，不利于插入PowerPoint课件和分享，需要将KUX格式转为常用的MP4等格式，优酷自带转码功能，勾选"下载完成后自动转码"，打开"设置"窗口（图3）。

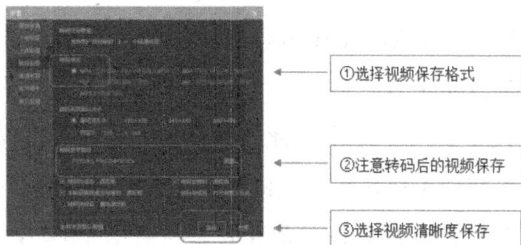

①选择视频保存格式

②注意转码后的视频保存

③选择视频清晰度保存

图3 "设置"窗口

在"设置"窗口中，勾选"MP4"格式或其他需要的格式（图3-①），转码后会生成另一个文件，一定要注意"转码保存路径"（图3-②），以便转码后能找到，单击"保存"按钮（图3-③）即可在每次下载视频文件时同时，自动转码生成你所需要的视频格式。

二、爱奇艺网页

网址前端部分为www.iqiyi.com的，即为"爱奇艺"网页。单击网页中视频右下角的"下载"图标，即可自动检测"爱奇艺"客户端，如果没有则弹出"爱奇艺"安装程序下载窗口，请下载安装并启动"爱奇艺"客户端，然后重新单击网页视频右下角的"下载"，弹出"新建下载任务"窗口（图4）。

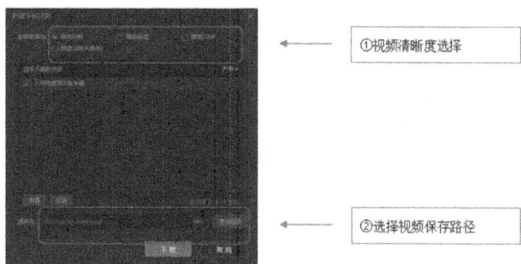

①视频清晰度选择

②选择视频保存路径

图4 "新建下载任务"窗口

在"新建下载任务"窗口中，可以选择视频清晰度（图4-①），选择视频保存路径（图4—②），单击"下载"即可完成。

和优酷一样需要注意的是，"爱奇艺"下载的视频为QSV格式，只有"爱奇艺播放器"才能播放，兼容性不高，不利于插入PowerPoint课件和分享，需要将QSV格式转为常用的MP4等格式，总结两个方法如下：

（1）迅捷视频转换器。这个软件非常好用，界面简单明了，操作体验良好，但这是一个付费软件，只能免费试用一次，且仅有前面的五分钟。

（2）奇艺QSV转换工具。打开"360软件管家"，在右上角的搜索框中输入"奇艺QSV转换工具"，单击有此软件的网页，下载，安装。使用"奇艺QSV转换工具"即可将QSV格式转换成FLV格式，注意安装"爱奇艺QSV转换工具"时可能会带有其他的附加软件，请在安装时启用360安全卫士保护。但很多时候FLV格式仍然不够大众化，我们可以使用"快转视频格式转换器"再将其转换成MP4格式。打开"360软件管家"，在右上角的搜索框中输入"快转视频格式转换器"，在弹出的列表中直接单击安装即可。"快转视频格式转换器"界面简单明了，操作体验良好，在此不再详述。

爱奇艺网页视频我尚未找到更好的直接保存为MP4格式的下载方法，欢迎大家交流分享。

三、网页插件：视频下载神器

安装方法：打开"360浏览器"（图5），单击插件栏最右边的"管理"工具图标（图5-①），在弹出的下拉菜单中单击"添加"图标（图5-②），弹出360应用市场页面，在页面右上边搜索框（图5-③）输入"视频下载神器"在搜索结果单击"视频下载神器"（图5-④）安装即可。

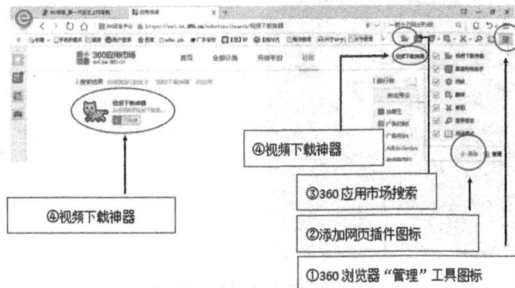

图5 "视频下载神器"

操作过程：打开含有该视频的网页，等广告播放过后，进入视频播放界面，否则可能找不到该视频，单击插件栏的视频下载神器小老虎图标（图5-④），弹出如下图，一般文件比较大的就是需要的视频，而文件比较小的可能是广告视频，可以单击小三角形图标预览，单击向下箭头图标下载。

下载时，有些时候下载的只是视频的前一部分，这是因为这是分段的视频（图6），检查方法是单击播放（图6-①），查看视频播放时间（图6-③）和网页中的时间是否一致，如果不一致，说明还有其他段的视频需要继续单击下载。如果视频有分段，请阅读下文"四"中内容，可以下载的有：百度视频，搜狐视频，土豆视频，西瓜视频等。

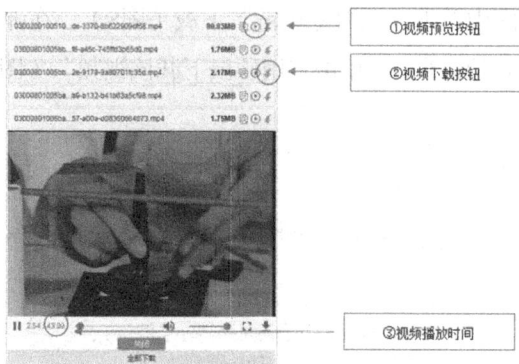

图6 分段视频

四、硕鼠

安装方法：打开"360软件管家"，在右上角的搜索框中输入"硕鼠"，在弹出的列表中直接单击安装即可。硕鼠是一个专业的、稳定可靠的强大的FLV视频下载软件，除了优酷、爱奇艺等版权要求明确的主流的视频网站，其他的网站的视频几乎都可以下载。功能非常强大，操作体验良好，比如有视频清晰度的选择、自动将分段视频合成一整个视频、直接生成MP4格式等。

操作过程：复制含有该视频的网页地址，电脑上双击打开"硕鼠"软件，在中间上方的地址栏粘贴输入地址，单击回车，"硕鼠"会在中间打开该网页，单击右边上角的"解析本页视频"按钮（图7）。

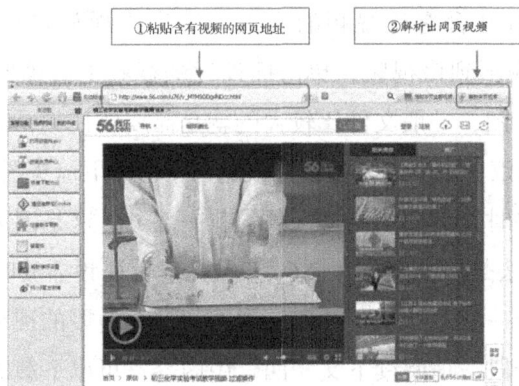

图7 "硕鼠"网页

在弹出的新页面中单击"硕鼠专用链"下载（图8），在弹出的选项卡页面中可选择视频清晰度（图8-①），单击"用硕鼠下载该视频"（图8-②）。

图8 "硕鼠专用链"下载

弹出如下软件窗口（图9），选择保存地址（图9-②），单击"确定"按钮即可下载该视频（图9-③）。

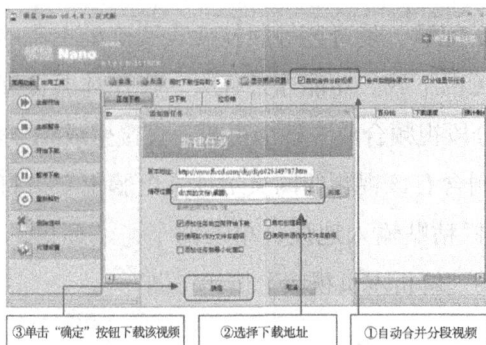

图9 软件窗口

注意，如果网页视频太长，其一般会有分段处理，下载下来的视频是分成多段的，勾选"自动合并分段视频"（图9-①），下载后即可自动合并成一个视频。

对于用其他工具下载的分段视频，也可以用"硕鼠"进行合并。电脑上双击打开"硕鼠"软件（图8），单击打开"硕鼠Nano"（图8-③），打开"硕鼠Nano正式版"软件（图10），单击"实用工具"（图10-①），在下拉选项中选择"硕鼠合并（独立版）"（图10-②），弹出"硕鼠合并"窗口（图11）。

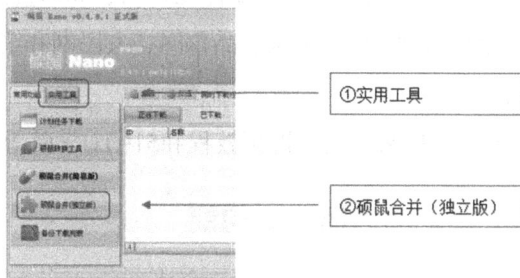

图10 "硕鼠Nano正式版"软件

单击"导入FLV或MP4文件"（图11-①），导入分段的视频注意先后顺序按名称编好，单击"开始合并"（图11-②），即可合并视频，用硕鼠合并视频稳定安全，大小保持原样，而且非常快，非常好用。

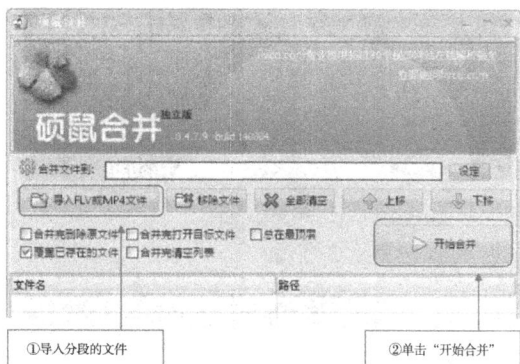

图11 导入分段视频

硕鼠功能强大，是网页视频下载的利器，以下是经本人亲自测试可下载的网站：

主流视频网站：

搜狐视频、乐视网、酷6网、56网、响巢看看、美拍、新浪视频、网易视频、激动网、糖豆网、华数TV、暴风影音、微博视频、秒拍、小咖秀和开眼视频等；

综合视频网站：

优米网、时光网、播视网、淘米视频、豆瓣预告片、新华网、第一视频、中关村在线、TOM视频酷、搜房网、华录坞、爆米花、琥珀网、偶偶网、CC视频、中经播客、11688、视友网、艺术中国、知音视频网、MSN直播频道、ACFUN、哔哩哔哩、看看新闻网、酷米网、6平米、品善网、人民网和第一财经等；

教程视频网站：

超星大讲堂、网易公开课、星火视频教程和51CTO学院等。

五、360浏览器上的边播边录功能

有些教学视频资源可能实在无法下载，我们可以试用边播边录功能，打开360浏览器，进入教学视频播放界面，单击停止，把播放滑动条移动到开始位置，此时把鼠标移动到视频位置（图12-①），视频右上方会出现一个"边播边录"图标（图12-②），我们单击它。

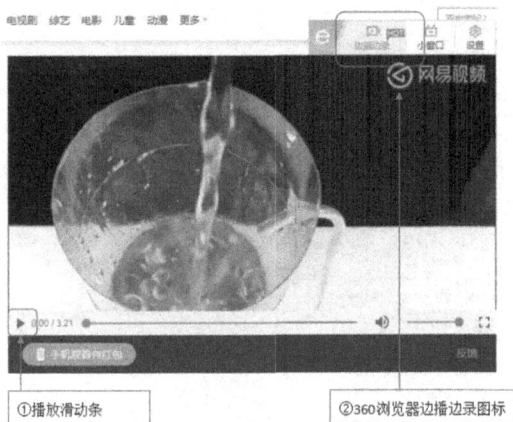

图12　360浏览器上的边播边录功能

弹出"快剪辑"软件操作界面（图13）。可以选择录制清晰度（图13-①），单击红色的"录制"（图13-②）后。迅速单击视频播放按钮（图13-③），"快剪辑"软件录制开始，视频播放结束后，迅速单击"结束录制"按钮（图13-②的位置），弹出"快剪辑"软件"编辑视频片段"界面（图14）。如果未安装"快剪辑"软件的话，此时会弹出安装指引，请安装"快剪辑"软件。

③视频播放按钮　　①视频清晰度　　②单击开始录制

图13 "快剪辑"软件操作界面

在"编辑视频片段"界面中，我们首先可以选择视频开始和结束的位置，以去除不小心录制的内容，在这个界面中，我们还可以对视频进行"动画""裁剪""特效字幕"等的操作。

单击"完成"按钮（图14-②）。

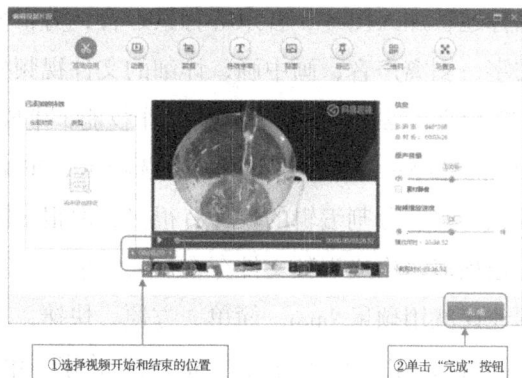

①选择视频开始和结束的位置　　②单击"完成"按钮

图14 "编辑视频片段"界面

进入"快剪辑"软件主界面（图15），"快剪辑"是一个视频编辑软件，这里可以添加多段视频，可以添加声音、设置片头、加水印等，这里略过，在右下角的位置单击"编辑声音"，单击"保存导出"，选择保存路径（图15-②），选择保存格式（图15-①），单击"开始导出"（图15-③），在"编辑封面中"可单击"使用视频画面"，单击"下一步"按钮，即可生成视频文件。

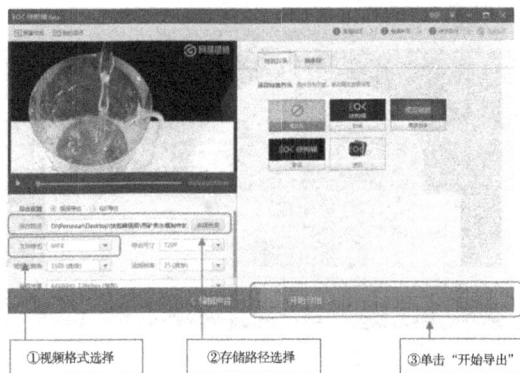

①视频格式选择　　②存储路径选择　　③单击"开始导出"

图15　"快剪辑"软件主界面

笔者认为，"爱剪辑"软件的体验比较一般，操作时需要多点耐心，如果需要录屏，最好选择更为专业的录屏软件。网页视频录像属于另一方面的内容了，这里暂不详解。

六、视频编辑与处理

如果需要强大的功能，建议使用绘声绘影，绘声绘影功能多，该软件可编辑性强，包括添加标题，加入图片、音乐等背景声音，剪辑分割，合并，视频过渡效果，添加文字，剥离声音，画中画，详细的文件视频格式设置等。绘声绘影操作体验好，略专业，需要熟练的计算机操作技能，生成文件略大。

视频合并可以用硕鼠Nano，单击实用工具选项卡，单击硕鼠合并（简易版）合并，有关视频合并、分割编辑的软件有很多，但很多需要付费或者编辑时操作烦琐，专业选项多，生成视频文件存在过大、模糊、耗时长、容易出错等问题。合并视频建议就用硕鼠Nano，简单、方便、快捷，非常好用。视频剪辑可以使用Bandicut软件，在360安全卫士、360软件管家，单击搜索Bandicut，选择安装即可，Bandicut的优点是简单、方便、安全、快捷，但缺点是视频前会出现几秒的Bandicut商标广告。

七、其他

有时候我们会遇到用以上方法都无法下载的视频，那么我们还有一个方法，就是记住这个视频的名字，然后在浏览器打开百度或者360搜索，单击视频搜索页面，输入需要搜索的内容，这样我们可以在其他视频网站看到相同的内容，然后选择可以下载的页面进行下载。

下载网络资源，请注意版权问题，依据《中华人民共和国著作权法》第四节权利的限制的第二十二条，在下列情况下使用作品，可以不经著作权人许可，不向其支付报酬，但应当指明作者姓名、作品名称，并且不得侵犯著作权人依照本法享有的其他权利：

为学校课堂教学或者科学研究，翻译或者少量复制已经发表的作品，供教学或者科研人员使用，但不得出版发行；

使用他人资源应用于课堂教学，应当"指明作者姓名、作品名称"，请勿将下载的资源用于任何商业用途。

以上软件的功能可能会随时间或版本的变化而变化，比如，硕鼠以前几乎是无所不能的，后来因版权问题，很多视频网站明确提示"对不起，FLVCD暂不支持此地址的解析"而不能下载了。

以上是我在教学备课中所积累的一些经验方法，如果有错误的地方，请多多谅解并恳请批评指正。

信息技术教学中的"自主探究"

兴宁市第一中学　罗志华

所谓"自主探究"，即在教学中充分发挥学生的主体性，以"学生本位"代替传统的"课本本位"，以"主动探究"代替"被动接受"，学生以自主性学习、探究性学习和合作性学习等多种方式参与学习，教师则以一种"导演"的身份参与、指导学生的学习过程，让学生主动地获取新知。

随着课程改革的不断深入，人们越来越清楚地认识到：打破长久以来传统的教学模式，适应素质教育的需要和新课程标准的实施要求，指导学生自主探究性学习，将会成为今后教学的基本模式。信息技术课是一门实用性强、发展迅速的课程，因此，在课堂教学中更要立足于改变学生的学习方式，积极倡导自主探究性学习，让学生成为知识的"发现者""探究者"和"运用者"。笔者在教学实践中尝试"自主探究式"教学法，收到了明显的教学效果。

一、创设情境，激发学习的兴趣

心理学认为，学习兴趣是学生探究某种事物或从事某种活动并带有强烈情绪色彩的认识倾向，是人的认识需要的情绪表现，它是学习动机中最现实、最经济、最活跃的因素。孔子说："知之者不如好之者，好之者不如乐之者。"这句话生动地说明了学习兴趣对学生学习的重要影响。为了激发学生的兴趣，增强他们学习的自主性，教师应善于创设情境，以"任务驱动"的方式激发学生产生自主学习的欲望，变被动、消极的"要我学"为热情主动的"我要学"。创设情境的方法很多，如一首歌、一幅画、一段动画、一篇精美的小文等都可以起到诱发兴趣的效果。

比如，我在讲授"复制"和"移动"内容时，首先用PPT向学生展示我的电脑里存着的有关兴宁一中的漂亮图片和精彩视频等，强烈的视觉冲击激发了学生浓厚的学习兴趣，学生立刻就想要是把这些文件都弄到自己的电脑里，这个时候我再告诉学生；现在我的电脑是可以共享的，大家都可以通过网上邻居欣赏到这些内容，几分钟后我将取消共享，这就激发了学生学习实际操作来复制和移动文件的欲望，为后面的学习打下了良好的心理基础。

二、明确目标，培养自主性学习

无论采用何种学习方法，首先要明确学习的任务。如果学生不能明白学习的任务，势必造成学习过程中的盲目性。因此，在学习一个新的内容之前，教师一定要引导学生对所学知识进行梳理，明确学习的目的。

建构主义认为：知识不是通过教师传授得到的，而是通过学习者在一定情境下，借助其他的帮助，利用学习资源获得的。在讲到《文本信息的加工与表达》练习时，我采用了使用多种文字编辑练习软件的功能对比，使学生对Word产生新鲜感和好奇心。为了增强课堂效果，在教学中，先熟悉Word工具，再熟悉软件。接着就进行文字录入比赛，使他们在玩中练，练中学。操作过程中遇到问题不要急于找老师，先查看课本和多尝试操作几次，或许答案就在下一秒出现。

我觉得，课本和实践能提供最好的帮助，所以无论是理论性较强的课还是实践操作性较强的课，我都留心引导学生养成阅读课本的习惯，看懂书的内容及要求，从而培养学生的自学能力，为自己独立学习奠定基础。

三、通过实践，培养探究的能力

自主性学习过程以"先学后做""边学边做"为基本特征，由于信息技术学科的特殊性，教师在教学过程中不可能也没必要对所有的知识点逐一讲解，有些内容，我们可以先做简单的讲授、引导，然后让学生动手去实践，通过实践体会知识，并得以掌握；有些内容，我们完全可以以"任务"的方式布置给学生，让学生通过看书、浏览教学光盘、上网查询等方式自主去探究学习，充分相信学生的能力。

在讲授"电子邮箱的使用"一节时，我只是对电子邮箱的含义及工作原理做了简单的介绍，介绍了一下提供免费电子邮箱的网站有哪些，然后告诉学生我的电子邮箱地址。而对如何申请一个免费电子邮箱、如何收发电子邮件只字不提。我的要求是，每个同学通过阅读教材、浏览网络、相互讨论等方式，申请成功一个免费电子邮箱，并给我发送一个电子邮件。两周后，我打开了自己的邮箱，发现邮箱中不仅有学生发来的邮件，还有贺卡——他们甚至已经熟练地掌握了附件发送、多方同时发送（抄送、暗送等）的操作方法。有的学生在邮件中写到，他们非常喜欢这种自主探究式的学习方式，因为这种学习方式不仅能使自己切实掌握书本知识，而且在学习中发现问题时，能培养自己独立思考、主动探究的能力。

当然，在教学过程中教师应该根据不同内容、不同要求来选择不同的教学方法，有些操作较复杂、学生难以理解的内容一定要多进行讲授和指导。

四、指导合作，培养团结的精神

《国务院关于基础教育改革与发展的决定》中专门提及合作学习，指出："鼓励合作学习，促进学生之间的相互交流、共同发展，促进师生教学相长。"由此可见国家决策部门对合作学习的重视。合作学习可以对学生进行分组，每个小组由几名学生组成。通过小组成员的协作学习，有效地提高学生的集体协作能力、人际关系处理能力，培养学生的团队精神，有效促进学习任务的完成。学生在小组内相互协作、相互帮助、群策群力，共同完成相应的教学任务。合作学习倡导教师与学生、学生与学生进行多边互动。在探究学习的过程中，由于经验背景的差异，学生对问题的理解也常常不同，但各种差异本身也是一种宝贵的学习资源。在教学过程中，教师如何创设教学情境，设置认知冲突，进而引导学生通过小组合作、相互协作的方式加以解决，就显得格外重要。

　　"Word文字处理"是信息技术的必修内容，在完成了一些基础知识的讲授进行铺垫之后，我布置了一个《孙中山人物简介》电子报制作的任务。制作一份电子报所涉及的知识很多，同一知识解决的办法也多种多样。在教学中，我把全班同学分成4个小组，每个小组选一名小组长，然后要求每个小组成员共同努力，完成电子报设计。布置完后，每个小组立即行动起来，他们有明确的分工，有的负责查阅、收集资料，有的负责文字撰写，有的负责版面设计等，又充分发挥了集体的智慧和作用。我经常看到同一个小组的同学，或为了某一个版块的设计效果，或为了某一种方法的对错而展开激烈的争论。也有同学因为争论不下而来问我，我一般不会就某个问题做直接而具体的讲解，往往只是稍加点拨，学生立刻理解，并达成共识。两个星期后，我要求每个小组派一名同学展示本组的成果。他们设计的电子报非常漂亮，而且各具特色，充分显示出同学们的个性特点，有些细节之处是我事先都没有想到的。我被同学们的聪明才智所感动，为他们的自主探究学习能力所折服。学生在完成任务的过程中，体会到了成功的喜悦，充足的动手实践、组内同学合作学习的经历，既让学生感受到了获得知识的喜悦感和自豪感，同时更深刻地体会到了集体智慧的力量。

　　在信息技术教学中开展自主探究性学习，改变了知识的传输方式，培养了学生的科学精神和实践能力，把静态的教学变为全体学生主动参与的开放式动态教学，尤其重视学生个性化的教育，使得每个学生都有尝试成功、学会创新的机会。如何指导学生进行自主探究的学习，在自主探究学习过程中培养学生的创新能力，是信息技术教师面前的一个永远的课题。

参考文献

[1]赵颖.浅议高校大学生信息素养现状[J].大众科技，2011（9）.

[2]韩月红.高中信息技术教学方法的思考[J].现代阅读：教育版，2012（16）.

[3]王天国.对高中信息技术课堂教学的几点思考[J].科学咨询：教育科研，2012（7）.

[4]兰光明.高中信息技术学科的现状与思考[J].中国教育信息化，2012（16）.

生活化教学在信息技术教学中的应用

揭东区第一初级中学　王敏珊

现代信息技术的飞速发展，给社会带来了巨大的冲击和触动。现代信息技术的应用已渗透在当今社会的各个方面，正在逐渐地改变着人们的生活、学习和工作方式，信息技术给人们的学习、工作提供了有力的辅助，生活离不开信息技术。

陶行知先生说："生活即教育，社会即学校，没有生活做中心的教育是死教育。"

教育来源于生活，又服务于生活，离开生活谈教育是不现实的。信息技术是生活的有力工具，在生活中的应用无处不在。信息技术教学就是在生活中更好地应用信息技术，因此，信息技术教学应与生活接轨，密切结合生活。本文结合教学中的实际例子和我校初中学生的学情，探究生活化教学在信息技术教学中的应用策略，指导初中信息技术教学，提高课堂有效性。

因此，信息技术课教学如果脱离生活，那将是枯燥的、空洞的。脱离生活的信息技术是没有实际意义的。我们提倡"在用中学，在学中用"，学生在生活中学习信息技术能力，并运用这种能力来指导生活、解决生活问题。

生活化教学在信息技术教学中的应用是多方面的。它要求教学内容生活化、教学方式生活化。

一、教学内容生活化

重视学生的生活经历，结合身边发生的大小事，积极开发课程资源，创造性地使用教材。在处理教材时，以学生个人知识、生活环境等作为教学内容的主要来源，可以补充或替代教材上的内容。如《网上查找信息》中，在专题网站中查找信息，以"揭阳潮汕机场"网站作为教学的资源网站，让学生从中查找"航班时刻表"。揭阳潮汕机场首航与本土相关，是当前揭阳人乃至全国人民关注的重大新闻。此学习内容有关乡土知识，培养了学生的家乡情怀，同时也具有时代气息，与学生密切相关。这不仅符合了信息技术解决生活难题的要求，而且也有利于提高学生的学习兴趣，易于学生理解和接受。

二、教学方式生活化

1. 创设生活化情境

心理学研究表明："当外部刺激激发主体的情感活动时，就更容易成为注意的中心，从而加强理解和记忆"。因此，真实的问题情境设计过程是激发学生大脑中原有的情感结构和认知结构，从而使学生在大脑皮层形成兴奋中心的过程；另外，学生的思维活动并非凭空产生的，必须借助于外界的某种环境因素的刺激作用，而由教师创造的真实问题正是导致学生创造性思维活动的重要外部条件，只有这样，才能激起学生积极的情感投入。

笔者在《网上查找信息》中以"小明的爸爸想要搭乘12月15日揭阳潮汕机场首航的航班飞往青岛，希望小明帮忙查找关于潮汕机场的航班时刻表"为情境导入，提出"如果你是小明，你会如何完成爸爸交给的任务呢？"学生积极响应，各抒己见。真实的生活情境直接拉近了学生与学习内容的距离、拉近了学生与教师之间的距离。它使学生感到信息技术就在身边，信息技术可以解决生活中的难题，进而帮助学生认识到信息技术对个人和社会的作用与价值。

生活情境教学相对于课堂情境教学而言，多了一份来自生活的自然，不刻意、不牵强，无意间便让学生掌握了知识，生活和学习的魅力也在此体现了。

2. 开展生活化活动

开展《网上采集信息做研究》活动，提供几个主题（购买计算机指南；假期出游指南……）供学生选择，选择一个感兴趣的或者学习生活中需要解决的问题作为其研究的主题，以此提高学生网络技术的综合能力，小组共同完成的方式又可发挥团队精神，落实了"知识与技能、过程与方法、情感态度与价值观"三维目标的有机融合。

3. 设计生活化任务（布置生活化作业）

构建生活化的课堂需要走进生活去获取教学活动的资源，生活化的课堂最终要用于生活，因此，除了要有生活化的情境和生活化的活动之外，还需要设计生活化任务。以生活化的作业来巩固学习效果，能使学生真正体会到"在用中学，在学中用"。

打字练习中，笔者利用学生刚由小学转为初中，从一直在父母身边到远离父母到学校求学，学生肯定很有感触，设置以下任务：同学们入学将近一个月了，请同学们用记事本或Word写一份入学感受或期望，字数不限。（提示：可写出自己的计划、目标和决心）

在《使用计算机软件》一课中，我让学生以"校园生活"为主题，绘制一幅画。这样不仅可以将生活渗透到学习当中、将学习转化为生活的一部分，还可以提高学生的观察力，提高学生对生活的热爱度，培养学生的爱校情怀。同样的，《利用PowerPoint制作校园宣传相册》也充分体现了任务的生活化，学生对比学习兴趣浓厚，更爱学、乐学。

生活化教学将生活渗透到学习当中，又将学习转化为生活的一部分，使学习、生活紧密相连，增添课堂或课外学习的趣味性和实用性，使学生感受到学习的乐趣和实效。生活化教学，提高了信息技术的课堂学习效率，使学生在生活化的信息技术课堂中实现生活逻辑和知识逻辑的统一，是实现情感、态度和价值观升华的有效方法。

◆ 微课在高中信息技术教学上的应用 ◆

兴宁市第一中学　罗志华

一、信息技术课应用微课与其他学科有不同的特点

微课全称"微型视频课程"，它以教学视频为主要呈现方式，可以说微课是一个简化了的、细分了的教学模式，是一个有控制的实践系统，它使学生和

教师有可能集中解决某一特定的教学行为，或在有控制的条件下进行学习。

信息技术是一门直面计算机操作的学科，基本上每一节课学生都有大量自主学习和任务探究的时间，同时这些探究都是在计算机上完成的，这就在时间和硬件获得上满足了学习微课的条件。微课很适合于进行对操作技能的学习，而信息技术恰恰需要学生学习大量的操作技能。在笔者的课堂上，一般采用的是广播教学而非一对一授课，学生在面对计算机屏幕学习时会经常出现操作细节的缺失，比如，在教学Flash的引导层动画时，带有方向性运动的物体（汽车）需要在属性面板中勾选"调整到路径"选项，学生在自己做动画的时候往往会忘记这个选项的添加，如果把这个细节操作制作成微课，并辅以一定的强调性文字，这样有利于学生的自我修正和记忆。学生的个体差异需要微课。在大量的操作技能学习中，学生的水平不可避免地出现参差不齐的情况，部分学生日积月累会出现大问题，甚至最后对所学的整个课程失去兴趣。

在教学过程中，教师可以充分发挥微课教学的优势，将微课资源的对象定位于不同层次的学生，按照教学知识点的难度和学生基础水平设置出不同的教学层次，进而引领学生充分发挥自身的主观能动性，去完成不同难度与层次的教学任务。教师在课堂上一一解答学生的问题，既不够时间，又难免出现遗漏，而微课恰好能完美地解决这个问题：学生通过微课可以找出自己想要解决的问题的答案，能够达到事半功倍的效果，并实现了分层教学。

二、运用微课提高信息技术教学的有效性

在教育领域，微课正以自己精简、高效的特性，深刻地影响着课堂。一个微课的长度在5～10分钟，可谓"5分钟完成一次学习，300秒经历一次思考"，让师生最大限度地利用零碎时间进行教学和学习，从而最大限度地提高教学效果。

1. 深入课堂，教学结合，充分调动学生积极性

常规的信息技术课知识较为抽象，主要依靠教师的讲解、演示来进行教学，但学生想要真正掌握知识技能还需要通过大量的实践操作。然而，一节课的时间非常短，学生不是所有的都可以在有限的时间里，将教师讲授的基本知识和技能全部习得，只有少部分学生能记住教师的演示过程，而大部分学生会像看电影一样，看过就忘了具体的内容。这样一堂课下来，大大打击了学生学

习信息技术的兴趣和积极性，更为关键的是信息技术操作步骤具有连贯性，如果缺失了某个环节，就会影响下一节课内容的学习，不懂的问题便会像滚雪球一样越滚越大，操作的难度也会越来越大。这种情况下，微课的出现在信息技术教学课堂中就像一场及时雨，它创造了一种轻松的气氛，能让人平静下来，而简洁的文字解说，有利于学生集中注意力，增强记忆的效果；微课的教学内容精练，它可以将重点知识进行梳理呈现，能详细地阐述某一个知识点，把握住学生最佳的注意维度，呈现的内容符合学生的认知规律；由于微课容量小，学生还可以将其下载到电脑或手机上，实现移动端学习。

2. 微课模式能够激发学生主动学习新知识

微课改变了以教授为主的传统课堂教学模式，体现了以学生为本的教学理念。有研究指出：课堂上最有效的学习时间是开始的5~20分钟。微课只有短短的几分钟，学生可以自觉集中注意力认真地学完这几分钟时间的知识，然后通过"学习—操作—学习—再操作"的模式拿下本节课的重难点。微课还有一个重要特点：对于同一问题，可以层层深入地讲解，顺势而下，剖析到点。例如，教学Excel中"公式的使用"一课，可以把引用公式的方法制作成微课，对于引用公式的每一个细节如果单凭教师的讲解，学生会如走马观花，很容易忽视其中重要的步骤。微课则有明显优势，通过微课，学生一步步学习，还能自主把握学习的进度，易于深入理解并掌握知识点。

三、微课在信息技术课上的应用方法与策略

1. 微课的类型选择要准确

微课的类型非常多，按照教学方法，可把微课分为讲授类、问答类、演示类等十一类。教师在开发信息技术微课时，应根据信息技术课程内容来选用适合的微课类型。值得注意的是，并不是所有的信息技术课型都需要微课，比如，理论性知识及作品评析需要教师亲自讲解，师生互动交流会有更好的效果；而操作性知识则需要结合微课来进行讲解，学生可以在微课中重复查看某个操作，进而完全理解和掌握操作的步骤。

通常，在信息技术课堂上比较实用的微课类型主要有：讲解说明型（以信息技术教学内容的重点、难点讲授为主）、操作演示型（具体的实例需要演习其具体操作步骤，尤其需要强调细节）、主题活动型（分析主题活动的探究

目的，讲解探究方法）、解题推理型（对某个程序任务进行具体的讲解分析等）。教师应该根据实际课程内容的需要与一节课中各环节的需求选择制作微课的类型，让微课在辅助课堂教学时发挥最佳的实效性。

2. 微课的设计与开发要精心

微课的设计与开发是一个系统的工作，要想开发出实效性较强的微课，必须规范开发流程。有学者认为，微课的开发过程一般需要经历：确定教学内容、细分知识点、分析学习者特征、设计微教案和微课件以及微练习、撰写视频录制脚本、教学活动实施及拍摄、微视频后期编辑、微教学反思、形成微课资源包上传微课平台、微课教学应用、微学习和微反馈、微课资源动态优化和完善等过程。只有把微课的设计、开发、应用、反馈、完善等环节结合起来，微课才会在课堂教学中发挥出更好的作用，同时在信息技术教研中才能更有利于教师的专业成长、发展。

3. 微课在教与学中的运用要合理

微课是一种很好的分层教学资源。学生间的差异是必然的，目前，一般一位教师要面对45名以上的学生，很难做到面面俱到，但教师必须要关注每名学生的成长。一节课一般包括课前复习、新课导入、新课讲授、知识拓展、小结与练习五个环节。在新课讲授环节，教师可以针对本节课的重点、难点知识进行点拨，运用微课让学生观看问题的详细解析；在知识拓展环节，教师可以选择一些反映社会发展、具有前沿性的课外知识加入微视频中，作为课内知识的补充让学生观看。教师也可组织学生将课堂的重难点问题制作成微视频，让学生可以自己控制观看的进度，基础技能较好的学生很快能掌握制作技巧，完成后还能观看到一些有创意的、能开拓眼界的资料，而基本技能较弱的学生可以重复、缓慢地学习每个操作，让其快速、更好地巩固基本技能，教师就有更多的时间进行艺术的加工与创造思维的培养了。同时，教师也可以在课前让学生通过微课进行自主探究，这样一来，学生在信息技术课堂上的学习就不再那么被动了。

总之，微课的使用可以辅助教学，但是要注意不能为了走形式而使用微课，本末倒置。高中信息技术课以锻炼学生的动手能力为主，计算机也是学生上课时使用的主要工具，基于信息课的特殊性，并不是每节课都要把微课运用在教学上，教师要适时选择使用微课来促进教学，让微课发挥最大效用。

初中信息技术高效课堂的研究

东莞市樟木头中学　钟建科

随着信息技术课程改革的不断深入和完善，信息技术早已深入走进了中学课堂。信息技术课是为帮助学生尽早适应社会，提高信息素养而开设的，然而信息技术学科的特殊性质为课堂教学的有效提升带来了诸多困难，信息技术的教学效果普遍不容乐观。

对于信息技术教师来说，怎么在有限的课时内及学生面临中考学习压力大的情况下，师生共同努力形成合力，提高课堂效率呢？这是摆在每个初中信息技术教师面前的严峻的、亟须解决的老问题。本文以初中学生为研究对象以及从影响课堂教学有效性的常见现象问题出发，制定采取有效的教学策略，提高课堂效率。就初中信息技术高效课堂谈点体会。

一、初中信息技术高效课堂普遍面临的几个问题

问题一：初中学生的学习压力大，繁重的学业，频繁的考试。一方面信息技术课时少，每周一节课，时间跨度大。而另一方面大部分学校不允许教师布置课后作业，没有作业巩固所学知识点，更没有时间去温习信息技术的知识点，各种情况导致学生在课堂上学习信息技术知识的效率低下。

问题二：学生的学习能力和信息技术素养差别很大。优等生吃不饱，认为教师所讲的内容太容易，渐渐失去了学习的兴趣；学困生听不懂，跟不上老师的进度，时常不能掌握本节课的内容知识。学生学习信息技术基础参差不齐，对教师进行课堂教学有很大的障碍。

问题三：家长学生的传统观念。很多家长认为信息技术课程不但没什么用，对学习还有影响。在家里，休息日家长根本就不给学生用电脑，怕他上网，玩游戏。大部分学生认识信息技术只是针对电脑的上机操作，而对必须掌握的基础理论知识不感兴趣。

问题四：信息技术课堂存在特殊性，与其他学科相比，信息技术课是在机房进行的，与传统的教室相比，环境更为复杂，部分学生借此优势与教师打游

击，产生的纪律问题也较多。例如，上课注意力不集中，开小差，与同学聊天玩游戏，睡觉等，这些行为举止严重影响了班级的学风，影响课堂效果和学生对知识点的掌握。

针对以上初中学生学习信息技术出现的问题，下面结合自己的教学实践，谈一谈如何提高信息技术高效课堂的做法。

二、提高信息技术高效课堂的一些做法

1. 提高教师自身的人格魅力是高效课堂的基础

伟大的教育家孔子说："君子耻其言而过其行。""子师以正，孰敢不正？""其耻，不令而行；其身不正，虽令不从。"教师的人格魅力体现在渊博的知识和高尚的道德情操上。正如著名教育学家叶圣陶先生所说的："惟有教师善于读书，深有所得，才能教好书。只教学生读书，而自己少读书或不读书，是不容易收到成效的。"教师要跟紧时代的步伐，不断开阔视野；教师不仅传播知识，也传播道德素养。教师的言行举止，直接影响着学生对教师的印象。教师应规范自己的一言一行，起到带头示范作用，赢得学生的尊敬，与学生形成一种相互敬重的关系。良好的师生关系可使学生拥有良好的学习情绪，对教师的教学效果及学生对知识的理解都有很好的促进作用。

2. 培养学习兴趣是高效课堂的关键

美国著名的心理学家布鲁纳说："学习的最好刺激是对学习材料的兴趣。"孔子也曾经说过："知之者不如好之者，好之者不如乐之者。"可见学习兴趣的重要性。学生如果提不起学习信息技术的兴趣，就有厌学心理。对此，首先要激发学生的学习兴趣。在课堂上，可以用情境导入或任务驱动的方法来调动学生的学习兴趣。只要学生感兴趣了，学生在学信息技术课时就会认真，学习的效果就会提高，注意力就会集中。其次，我们要在学习的内容上下功夫，要促使学生真正对课堂的内容产生兴趣，或者觉得学到有用。比如，在学习Photoshop图片处理时，我用照相机把学生头像拍下来。要学生在网上下载一些明星（自己的偶像）的相片，然后让学生把自己的相片和偶像的相片合成在一起，看谁合成得最像。学生的学习积极性非常高，学习热情非常高涨，课堂教学效果非常好。

3. 加强课堂细节管理是高效课堂的保障

课堂是教师进行教学和学生学习的场所。一个良好的课堂环境，有助于师生合理地利用课堂活动时间，促进课堂活动的有效性发挥，从而提高课堂的教学效率；相反，不良的教学环境，会影响学生的学习情绪，产生一系列的纪律问题，严重影响教学进程。这就要求教师建立合理的规则。俗话说，"无规则，不成方圆"。有了明确的具体的行为规则，才能让学生将自己的行为与其进行对照，反思自己的行为是否恰当。或者让学生参与机房课堂纪律规则的制定，并制定相应的奖励和惩罚规则，将规则转化为学生素质要求的一部分，让学生自觉地遵守规则。除了制定规则让学生遵守外，教师也要切实培养学生的自律意识，要学生能够自我调节和自我管理；能够自我约束、互相监督。在实际教学中，我们可以采取以下一些措施：一是通过屏蔽、监控等技术手段加强对学生的管理，减少学生下载、安装、运行游戏的机会；二是学生机安装保护卡；三是通过反面教材来警示学生沉迷游戏的后果等，以减少学生违规的现象，优化教学环境。

4. 采用分层教学是高效课堂的捷径

当代美国著名心理学家、教育家布卢姆提出的掌握学习理论这样认为：只要在提供恰当的材料和进行教学的同时，给每个学生提供适度的帮助和充分的时间，几乎所有的学生都能完成学习任务或达到规定的学习目标。学生参差不齐的信息技术水平，主要表现在学习基础、操作能力、接受水平以及生活体验等方面，参照学生智力、基础知识、能力水平、自我控制能力、学习习惯等方面的差异，结合课堂的教学实践经验及对学生信息技术学习基础的摸底调查，在教学过程中，我将学生分成以下三层，并对不同层次的学生制定不同的教学目标，采用不同的教学策略。

尖子生基础知识扎实、熟练掌握电脑操作、思维活跃、接受能力强。对于这类学生应不局限于对课本知识的认知，对其知识拓展和综合应用能力应有更高的要求，需充分挖掘其学习潜能，培养其特长，促使其能综合地使用相关知识、技能，解决日常生活和学习中的实际问题或任命其为小组长指导组内同学的学习，协助教师帮助同学，培养其运用知识的能力和协作精神，激发其个人的荣誉感。

中层学生已基本掌握电脑操作，有一定的上进心、自觉性，但依赖性较强。这类学生是我们教师关注的重点。教师应在保证基本教学任务完成的基础上，注意培养这类学生。如，注重培养其学习能力，让他们能自主学习；增强这类学生学习的兴趣，提高其学习主动性。

学困生基础知识、电脑操作、思维能力、接受能力和自律能力都较为薄弱。教师主要是教授学生学会基本的操作技能，完成基本教学任务；培养学生的兴趣，尽量通过多媒体电子教学软件进行广播演示教学，直观展示操作；然后通过模仿示范，使学生掌握必要的基本知识和基本技能。或在班级里实行"一帮一"活动，安排特殊座位，以优带差；通过评价体系，寻找闪光点，及时肯定他们的点滴进步，做到表扬多于批评，正面鼓励为主，侧面教育为辅，调动他们学习的积极性。

信息技术课堂教学是一个既简单又复杂的过程。良好教学环境的维护，不仅需要教师的有效管理方法，还要学生的合作。但只要我们透彻分析引发问题的原因，及时采取有效的措施，根据自己的教学风格，运用一定的教学艺术和方法，加强教学研究，探索各种合理的教学模式和方法及提高自身的人格魅力和合理规范学生的行为，那么教学过程中的问题是可以减少和控制的，信息技术课堂的效率一定会提高。

参考文献

［1］张玲.信息技术课堂教学有效性影响因素探析及分层应对策略［J］.中国信息技术教育，2010（14）.

［2］计卫锋.初中信息技术课堂教学有效性初探［J］.中国信息技术教育，2011（7）.

第五章

实例教学设计

《用电子表格实现自动计算——Excel函数的应用》教学设计

东莞市虎门第五中学　陈小鲁

一、教材分析

本节是教育部中小学信息技术教育实验区实验教材《信息技术》八年级上册第一单元第五课内容。用电子表格实现自动计算，特别是Excel函数的应用是信息处理与交流中的一种能力，是学生具备信息素养的表现之一。教材中只介绍了SUM、AVERAGE、MAX、COUNTIF等常用函数，而Excel函数的功能非常强大，其函数远不止这些，这就需要有意识培养学生自主学习的方法与技巧，以便更好地开展其他函数的学习与应用。

二、学情分析

学生经过了前面的学习，已经基本掌握了Excel的基本操作和技巧，这些知识与技能为本节Excel的函数应用打下了良好的基础。一方面，由于学生的学习受到个体知识水平与抽象思维的影响，另一方面，Excel函数可以实现数据的自动处理和计算，是掌握Excel软件使用的更高层次要求。因此，学生在Excel的学习过程中对知识的理解和应用会存在不同程度的困难。

三、教学目标

Excel中的函数很多，功能也非常强大，如能掌握一些常用的函数，将给日常的数据处理带来很大的便利。在本案例中，我将结合学生的生活和学习实际创设一个合适的问题情境，激发学生在活动过程中掌握应用信息技术解决问题的思想与方法，鼓励学生将所学的信息技术积极地应用到生产、生活乃至信息技术革新等各项实践活动中去，让学习成为他们自己的需要。在学习方式上，我强调学生在信息技术学习中的主体性，倡导主动探究学习。

通过本节课的学习，应该达到以下目标：

1. 知识与技能

（1）能理解函数的作用。

（2）理解单元格引用和单元格区域引用的含义，列举它们的应用。

（3）能使用自动求和、求平均值、求最大值、求最小值、求名次等常用函数。

2. 过程与方法

（1）能根据任务需求选择合适的函数。

（2）能利用填充柄或复制公式来简化统计操作。

（3）能在应用公式复制的过程中注意验证结果是否正确，观察分析出错的原因。

3. 情感态度与价值观

（1）能在学习、生活中建立主动使用电子表格处理各种统计、管理数据的意识，以及养成应用技术简化工作的良好习惯。

（2）能追踪分析统计结果，发现错误结果能主动分析找到产生的原因，并采取相应的解决办法。

（3）启发引导学生通过自主学习，在掌握操作方法的同时，提高自学、分析、归纳、解决问题的能力。

四、教学重难点

1. 重点

（1）函数的作用，常用函数的使用方法。

（2）复制公式的操作方法。

（3）单元格引用和单元格区域引用的含义及应用。

2. 难点

（1）函数的含义和参数格式。

（2）单元格引用在不同应用中的格式。

（3）分析在复制公式的过程中产生错误的原因。

五、教学过程

教学步骤	教师活动	学生活动	设计意图
（一）复习公式的使用，提出问题	打开上一节课的学生作业，复习编辑公式的使用及相关知识。 1. 公式的构成 （1）以"="开头。 （2）可以包括数字、单元格地址、运算符和函数。 2. 输入公式的步骤 （1）把光标定位在放结果的单元格内； （2）单击"编辑公式"按钮； （3）在编辑栏中输入公式； （4）确定返回。 提问：自己书写公式比较麻烦，而且有些功能很难实现，Excel软件是否能提供现成的公式供我们使用呢？ 引入"函数"：Excel预先定义好的公式。 如：求和函数：SUM ……	认真听讲，复习巩固公式的知识。 各抒己见，说出他们所知道的。 思考问题	复习上一节课内容，巩固编辑公式的使用；同时创设情境，引入函数，吸引学生注意力，调动学生学习的主动性、积极性
（二）呈现学习任务	打开工作簿"Excel函数的应用"，呈现学习任务： 使用函数的方法完成表格，让表格具有自动计算功能	学生看屏幕听讲，思考对应的方法	调动学生积极参与课堂，思考问题的热情
（三）完成任务	教师讲解演示： 1. 使用"自动求和"函数。 2. 使用"求平均值"函数。 3. 利用填充柄快速复制公式。 提醒学生观察函数与单元格引用或单元格区域引用的关系。 布置学生独立完成任务1-2。 观察学生操作过程，发现问题，及时反馈。	在老师的讲解和自己的操作中理解函数的意义，学会设置函数的方法。 学生模仿操作： 1. 使用"自动求和"函数。 2. 使用"求平均值"函数。 3. 利用填充柄快速复制公式。 学生自主完成操作任务1-2。	发挥学生的学习能力，提高课堂参与性。 重复进行操作，有利于学生对使用函数的掌握

续 表

教学步骤	教师活动	学生活动	设计意图
（三） 完成任务	布置学生完成任务3。 请学生演示第一个单元格的计算后复制公式。引导学生验证计算结果正确与否，如果不正确，从公式上查找产生错误的原因。 让学生提出可能的修正错误的方法，并尝试操作。 提出"相对引用"和"绝对引用"的概念，并介绍运用"$"符号修改函数的参数。修改后重新利用填充柄快速复制公式。 让学生练习这一过程，熟练掌握"相对引用"和"绝对引用"的应用	完成任务3： 在操作的过程中发现问题。 通过观察发现产生错误的原因。 尝试修正错误。 通过操作理解"相对引用"和"绝对引用"的不同。 拓展实践： 完成工作表"学以致用"	培养学生认真观察、追踪分析统计结果、发现问题、解决问题的能力
（四） 作业反馈、知识小结	查看学生提交的作业，及时反馈！ 知识小结，巩固所学	对比自己的操作方法，查漏补缺。 认真观察，巩固知识	学会分析与评价，欣赏他人，促进交流与学习
（五） 完成自我检测和自我评价表	布置任务	完成任务	巩固知识，学以致用

六、教学反思

1. 在教学过程中，教学任务的提出要由浅入深、循序渐进，要求学生掌握Excel函数的基本使用方法并且能够在当前和今后的学习、生活中，运用所学的知识来解决问题，具备解决问题的方法。

教学的基本方法是任务驱动，设计了一个工作簿，从易到难地讲解函数，从最基本的运算讲到复杂的函数，学生必须要自己理解函数的使用方法，并学会选择最快实现数据运算的方式。让学生主动学，想学，乐学。

本节课要求学生先求出每个同学的总分，再求个人平均分，这时就有一个问题出现了：有的同学求平均分时的取值区域选择不正确，以致结果出错，教师就应给予一定的指引：为什么会这样？原因就是数值区域的选择，即总分也在计算范围内了，同学们就会解决了。这样的过程远比老师演示如何去做好得多，学生会更深刻地理解计算区域应如何选择。

2. 与学生的实践能力相结合。同学们在熟练了SUM函数、AVERAGE函数的使用后，会觉得利用函数进行运算很简单，也很方便，此时就再提出新的任务：如何将成绩表按总分递减排序？要求学生自主学习，为下节课做好准备。学习是基于真实情境的，所创设的问题是学生关注的，且与当前和今后的学习、生活密切相关。这给学生提供了一个运用所学知识的虚拟平台，甚至可以说是实际平台，当缩短了知识与应用之间的联系时，学生的积极性就会被调动起来，他们会尽力学习，掌握相关的信息，并运用所学知识来解决问题，从而提高了实践能力。这有助于加深学生对知识的理解及迁移应用。

3. 促进学生掌握基本的学习策略和学习方法，基于问题的学习是学生自主参与学习的过程。学生愿意学习（具有学习的动力）、主动学习（成为学习的主人），并且通过与同伴、教师的合作与交流，通过不断地反思，调整自身习惯的学习方式与方法，在解决问题的过程中获得解决问题的能力，从而更加善于学习，成为独立的学习者。基于真实问题情境的学习，在实施过程中也会有一些困难，特别是对教师提出了更高的要求，即教师要有娴熟驾驭课堂的能力和良好的教学设计方案。

《"会声会影"电影片段制作入门》教学设计

兴宁市第一中学 温利英

一、教材分析

粤教版·高中信息技术选修2《多媒体技术应用》第五章《声音、动画、视频的采集与加工》之《5.3.3视频的加工》，本节课的教学内容主要是视频信息的截取与合成，内容丰富，灵活有趣，实用性较强，以"会声会影"软件为例进行视频片段的制作。

二、学情分析

学生在此之前学习了文本、表格、图像、音频信息加工等的基本操作，但对于视频信息和加工工具接触较少。在日常生活中，很多同学经常到网上下载和上传自己喜欢的视频或动画，不过网上名目繁多、类型格式各异的文件给同学们在使用上造成不少困难。如，相同内容的视频在不同网站上的保存类型就不同，有的是WMV，有的是FLV。让学生了解不同视频文件格式的差异和用途将有助于他们更好地运用视频信息交流表达思想。

在前面一节课上已经让学生了解了"会声会影"软件的界面及媒体制作的简单方法、流程，他们对媒体的制作加工有了一定的了解且掌握了一定的制作技能。他们对电影片段制作有了浓厚的兴趣，并在课余拟定自己的主题，准备好了素材，跃跃欲试了。

三、教学目标

1. 知识与技能

（1）了解视频有关概念和特点。

（2）能通过需求分析，确立主题，完成视频文件的截取与合成。

2. 过程与方法

（1）通过回味童年时的经典影片或动画引入动画和视频的概念。

（2）通过自主选择感兴趣的视频片段进行截取与合成操作。

（3）通过分析不同需求选择合适的视频格式文件。

3. 情感态度与价值观

自主探究的学习实践，使学生掌握了视频信息加工的基本技能。引导学生根据任务需求，采用合适的方式进行视频信息加工、交流思想，内容丰富，灵活有趣，实用性较强。激发和保持学生对信息技术的求知欲，形成积极主动的学习态度。

四、教学重难点

1. 重点

电影片段制作素材的添加、裁剪、合成。

2. 难点

主题的架构、电影片段制作素材的裁剪及合成。

五、教学策略

自学指导法、操作演示法。

六、教学过程

（一）创设情境导入新课

教师利用学生进入机房的几分钟播放歌曲《放飞梦想》。

教师活动：我们每个人都有一段美好的童年，而且每个人的童年都可以串成一个个精彩的故事，老师的童年最兴奋的就是看电影和动画片了，记忆中最深刻的有动画片《黑猫警长》《葫芦娃》《米老鼠唐老鸭》《灌篮高手》等，电影《地雷战》《地道战》《小兵张嘎》等。现在请同学们回忆童年并输入印象最深的两部片子。

学生活动：在聊天室内输入自己最喜欢的两部片名。

教师活动：很好，大家的童年生活真是丰富多彩！我们知道这些影片大致可以归为两类：视频和动画。这是我们今天要了解的重要信息类型。

视频是现场的真实记录，其真实的再现力和震撼力是其他媒体无法比拟的。动画是对真实的物体进行模型化、抽象化、线条化，主要用来动态模拟现实。

现在请大家根据视频和动画的定义对你的片子进行归类并将结果输入聊天室内。

教师活动：大家有没有考虑过视频和动画的实现原理是什么呢？

先请大家观看"动画手翻书"视频，然后请各位同学用自己的语言在聊天室内简述视频和动画的基本原理。

学生活动：观看"动画手翻书"视频或参考教材，在聊天室内简述视频和动画的基本原理。

教师活动：大家的理解非常好，用一句话总结：视频和动画是利用人的视觉暂留现象而实现的动态画面。

设计意图：本课刚开始播放旋律轻快活泼的歌曲《童年》，使学生能很自然地回味起自己的童年，而且学生肯定有自己最喜爱的影片和动画片，通过聊天室这种交流平台把大家的想法呈现出来，学生发现同学之间有很多共同爱好，会纷纷跟帖，而少数学生的幽默话语会引起大家哄堂大笑，课堂气氛一下子活泼起来，能使学生积极参与课堂互动。"动画手翻书"视频可以直观地表现视频和动画的基本原理，让学生在观看后用自己的语言去阐述，可以更好让学生了解视频和动画信息的特点。

（二）视频文件的截取与合成

教师活动：我们刚刚回味了美好的童年，让我们来看看今天丰富多彩的生活吧！

刚刚结束的校园运动会肯定让大家热血澎湃吧！我们一起来观看运动会视频，然后选择你认为最精彩的两个片段并纪录片段开始及结束时间，将这些信息输入聊天室。

学生活动：观看视频并在聊天室内输入片段名称和开始及结束时间。

教师活动：各位同学都有了自己看中的作品，我们能不能像截取音频文件一样从中截取出这段呢？这当然是可以的，而且网上相关的工具也很多。我们这节课利用"格式工厂"来截取，请大家打开这个软件。

学生活动：打开软件"格式工厂"，观察界面。

教师活动：利用任何一款软件截取视频都可以分解成"选取文件→选择格式→确定截取的开始和结束时间点→截取后保存"这几个基本步骤。

现在请各位同学根据这几个基本步骤将你选择的两个片段截取出来并保存成WMV格式，总共两个文件。

学生活动：开始截取两段视频片段。

教师活动：大家完成得很好，现在我们有了两个视频片段，如果现在能将片段合成就更好了，请大家根据截取的基本过程再尝试自行合成视频片段，如果你完成了可以将你的操作步骤发布到聊天室内。

学生活动：根据截取视频操作基本步骤尝试合成视频片段，然后将操作步骤发布到聊天室内。

教师活动：大家已经完成了，现在我请两位同学演示一下你的作品。

学生活动：一起观看老师选取的两位学生演示作品。

设计意图："格式工厂"这个软件功能丰富，界面简单易用，不需要老师演示学生就能上手。校园运动会视频对学生们来说有着相当大的吸引力，能认真观看并选定自己满意的片段。本课重点是了解视频截取与合成的基本操作要点，应尽量让学生自主摸索学习操作技能，即使部分学生遇到困难，通过参考其他同学发布到聊天室内的操作步骤也可以完成操作。

（三）依据使用需求选择视频格式

教师活动：现在我们来玩一个抢答游戏，请大家观察"格式工厂"中列出的视频格式扩展名，然后在聊天室内抢答你所知道的与扩展名对应的视频格式的主要应用领域和适用设备，看谁抢得更多更快！遇到不知道的可以上网查找！

抢答样例：MP4，用于MP4播放器和手机。

学生活动：上网查找并开始抢答。

教师活动：很好，大家的积极性和准确率非常高！

现在大家知道了不同的格式有不同的应用领域和适用设备，今后大家可以根据具体需要选择合适的视频格式了，这是非常实用的哦！

最后请大家将聊天室内的抢答信息整理到你的课堂笔记中！

设计意图：本环节内容是教材上没有的，考虑到这些是学生在日常生活中经常遇到的问题，所以将此作为课堂的延伸内容。通过抢答游戏的形式，让学生到网上自主探索了解这些知识，事实证明学生注意力和参与度都很高，既完成了教学内容又学到了能应用到实践中的知识。这种形式因为任务明确以及强烈的竞争气氛，学生上网搜寻资料不会漫无目的，更无机会去做无关的事情，课堂秩序容易控制。

七、教学反思

这节课从学生的生活入手开展教学，总体来说课堂气氛活泼不失秩序，学生注意力高，课堂互动性好，能较好地挖掘学生自主探究学习的潜力。

本课不足之处：

（1）由回味"童年"引入新课效果较好，学生的学习积极性和注意力被充分调动，课堂气氛活跃，但从动画向视频过渡这个环节比较生硬，没有充分利用已经调动起来的学生积极性。

（2）让学生观看校园运动会视频耗费时间较长，部分学生喜欢一遍又一遍观看却总是定不了满意的片段，最终本环节被延长，对课堂教学产生不利影响。

八、课后作业

利用"会声会影"制作本班进入兴宁一中以来的视频，主题、标题任选，科代表为导演，班长为主力，全班同学提供素材、写讲解词，挑选电脑高手进行视频编辑制作成"*.VSP"和"*.mpg"格式的文件上传至老师的邮箱。

要求：要有班级特色，视频中要有图像、视频、背景音乐或旁白讲解、文字说明等。

《Scratch积木式编程入门》教学设计

湛江市第十七中学　詹宋强

一、教材分析

　　Scratch是由麻省理工学院（MIT）媒体实验室设计开发的一款面向少年的简易图形化编程工具。配合Scratch积木式编程的概念，少年和儿童可以在娱乐中学习到编程的基本理念和技巧。Scratch使编程容易上手、充满乐趣，但也不失对编写复杂应用程序能力的训练。本节课通过让学生了解使用Scratch软件，并使用积木组合的方式尝试设计弹球游戏，让学生在玩的过程中体会编写程序的乐趣，为以后学习专业级的编程语言打下基础。

二、学情分析

　　本课教学对象是高中二年级学生，虽然学生之前从未接触过计算机编程软件，但高中二年级学生已具有一定的思维能力，且大多好奇心强，喜欢探索，也具备了一定的计算机操作基础，加上本课任务符合学生的兴趣，对课堂教学推进较为有利。

三、教学目标

1. 知识与技能
初步认识Scratch程序界面，掌握Scratch的基本操作，能够尝试运用搭积木的方式设计弹球游戏。

2. 过程与方法
通过观察、动手尝试等过程，感知Scratch程序设计的基本方法，完成教师布置的学习任务。

3. 情感、态度、价值观

（1）体验程序设计、生成的快乐。

（2）增强小组合作、分享的意识。

（3）理解游戏的正面作用，主张选择健康、合理的游戏。

四、教学重难点

1. 重点

掌握程序设计的基本流程，能使用Scratch软件编写简单的程序。

2. 难点

理解重复执行、条件判断模块的结构应用。

五、教学设备

计算机网络教室、电子教室软件、Scratch 1.4、课件。

六、教学过程

教师活动	双边活动	教学意图
（一）创设情境，激发兴趣 1.让学生玩弹球游戏，并逐渐加大游戏难度 提问：这些游戏过程是如何实现的？用到了什么知识？ （提示：角色、重复执行积木、条件判断积木） 2.展示本课学习目标	学生尝试玩游戏，并用自己的语言讲述游戏设计思路	通过玩游戏引入，激发学生学习兴趣，为新课做好准备。 让学生明确学习任务
（二）讲授新课 1.认识基本概念 （1）认识Scratch工作界面。 （2）认识Scratch舞台…… （3）认识Scratch中角色运动方向。 （4）Scratch舞台背景和角色的绘制（教师操作演示……） 2.动手试一试 完成任务一：设置Scratch的舞台背景并绘制小球和挡板角色。（如果困难，可看任务一操作指南或向同伴求助）	教师讲解新知。 学生动手完成任务一，教师指导。	让学生掌握Scratch的基本知识，为后面的实践操作打好基础。 任务驱动，让学生在完成任务的过程中体会Scratch的编程乐趣。

教师活动	双边活动	教学意图
3. 进阶提升 （1）教师演示如何为角色添加脚本。 （2）制作弹球游戏的脚本。	教师讲解并操作演示。	这一环节是本节重点，教师通过一步一步演示Scratch脚本的编制，指引学生如何制作弹球游戏。
4. 动手实践 完成任务二：给角色添加动作，基本完成弹球游戏的设计。（如果困难，可参看任务二操作指南或向同伴求助）	学生实践探索。	让学生在实践过程中体会到Scratch编程的乐趣，并提升个人自学和小组合作学习的能力。
5. 优秀作品点评 展示学生的优秀作品，并适当进行点评。	对学生优秀作品进行点评	对学生的作品进行点评，让学生体验成功的喜悦
（三）课后拓展优化 如何给游戏添加音效，对程序进行进一步优化	师生互动	拓展学生继续探究的动力
（四）课堂小结 对本课知识点进行简单小结	师生互动	进一步巩固本课知识点
（五）老师寄语 让学生学会利用网络资源进行自学提高	教师寄语	让学生学会使用网络资源进行后继学习

《奇妙的图层》教学设计

韶关市第九中学　潘高峰

一、教材分析

1. 本节的作用和地位

本节选自广东省初级中学信息技术教材第三册《图像处理》中的第三节《奇妙的图层》。图层是Photoshop的灵魂，借助图层可以将多幅图像中不同的素材组合成一幅图像，并且可以通过设置图层效果和图层样式分别对各层进行修饰和控制，以达到预期的特殊效果。掌握图层的使用方法和技巧是我们学习Photoshop图像处理技术中至关重要的内容。本节首先让学生了解图层的概念、图层在图像处理中的作用，再让学生懂得如何根据表达需要灵活运用图层的特性来处理图像效果，有效增强图像的艺术感染力。

2. 本节主要内容介绍

本节以制作一个可爱的水果娃娃为任务，根据"任务展示—技巧演示—任务实践—展示评价"的线索来学习如何运用图层技术操作处理系列水果图片素材来制作合成图像水果娃娃的过程。

任务展示：本节把给出几张水果图片素材通过图层技术处理，重新组合制作成一个水果娃娃的图像作为学习任务，为学生确立明确的学习目标，有效增强本节学习活动的针对性。教师通过展示自己设计的一个可爱的水果娃娃图像，提高任务的趣味性，引发学生学习图层相关处理技术的兴趣，增强本节学习活动的有效性。

技巧演示：教师讲解图层的概念，再通过演示对几张水果图片素材进行处理，重新组合成可爱的水果娃娃图像的操作向学生展示，且在演示过程中融入介绍有关图层操作的技术与方法，如新建、移动、复制、隐藏、显示、删除及合并图层等。

任务实践：本节以制作可爱的水果娃娃为学习任务，将几种水果的图片重新组合成一个新的图像。在Photoshop中，一幅图像通常是由多个图层自下而上叠放在一起组成的，它们的叠放顺序以及混合方式直接影响着图像的显示效果。因此，本节首先要让学生明白图层的概念，其次了解图层调板的基本功能，最后根据学习任务的需要学会运用建立图层、移动图层、合理调整各图层的顺序，完成新图像的合成，从而初步掌握图层处理技术，达成学习目标。为了鼓励学习能力较强的学生作出有创意的作品，教师还可设计"能否用水果素材图片创作其他图像"的实践活动来鼓励学生尝试更多的图层效果。

展示评价：展示学生作品，指导学生如何正确欣赏与评价通过使用图层技术所处理的图像，并对自己或别人的作品进行评价。

二、学情分析

学生通过学习，对Photoshop的操作界面、菜单及各类调板的摆放位置等已有了解，学会了新建、保存文件及如何建立选区，基本掌握了套索工具、图像的变换、颜色调整和羽化使用技术。本节课继续学习图层及图层相关的使用方法，并根据教师提供的水果图片素材，通过图层相关使用技术完成水果娃娃的制作，进一步提高学生用Photoshop对图像进行处理的能力。从本节涉及的知识点图层来看，让学生理解图层的概念，判断图层与图层间的关系，学会对图层的基本操作（如图层的新建、移动、复制、删除、合并、隐藏与显示等）是没有什么困难的，学生可以通过教师讲解、观摩教师操作或通过课本知识点讲解自主学习掌握。但要学生模仿教师对给出图片素材进行处理，重新组合成一个全新的图像，这个任务是比较困难的，这要求学生在完全理解图层概念、准确判断图层间关系的基础上，应用掌握的图层操作技术对图像进行处理和再创作，是综合性很强的操作，对于初学者来说并不是一项很好完成的任务。我们不能勉强学生进行个性化创作，但学生习惯于模仿现有作品，所以教师有必要给出作品让学生进行模仿练习，在练习的过程中逐步理解图层的相关知识，掌握有关图层的操作，以达到教学目标。希望学习能力强的同学能作出一个完整的作品，学习能力较弱的同学只要能理解图层的概念，对教师给出的素材进行简单处理与简单创作即可，作品不论做得如何，教师都应该给予肯定和鼓励，重在过程体验，如此就是较好地达到了教学目标。

三、教学策略

本节教学内容不多，看似简单，但要求学生在一节课内了解图层的概念，掌握有关图层的基本操作方法和技巧，我认为是存在一定难度的，因此，在教学策略上需下功夫。

首先是知识点的掌握，本节要求了解图层的概念，教师可以在课前准备几张透明的幻灯片薄膜，通过演示在薄膜上写字或绘画模拟Photoshop中的图层操作，这样直观的教学容易让学生理解图层的概念。只有理解了图层的概念，才能在后面的学习和操作过程中达到事半功倍的效果。对于图层的具体操作技术，由于课本里都有相关知识点的具体操作说明，教师可以进行简单的演示操作和精要点拨，之后让学生围绕有趣的教学任务进行自主探究学习。这样既有形象的演示操作，又给学生留有自主学习思考的空间，避免因老师单方面的灌输使学生的思维固化，能让学生更好地掌握知识点，达成教学知识与技能的目标。

在练习过程中，鉴于学生的创作能力有限，教师在课前应准备好课堂练习任务的范例，课堂任务以模仿范例完成练习为主，同时也鼓励能力强的学生灵活应用素材自主创作作品。为确保学生能较好掌握应学知识，在练习过程中要以教师指导为主，学生小组协助为辅，共同完成教学任务。希望学生在完成教学任务后，除了理解图层的概念，掌握图层的相关操作使用方法外，还能灵活运用所学知识进行组合创作，充分体验用Photoshop进行图像处理的过程，进一步提高学生使用Photoshop的综合能力。

学生完成任务后，教师要对学生作品进行展示，挑选两到三个学生作品进行点评。所挑选的不一定是完美的作品，重点是要指导学生如何正确欣赏作品。如，一个作品很好，好在哪里？都用了哪些工具？运用手法是否熟练？有不足之处的，是哪些知识或技能是用得不好？如何加以改善？等等。主要还应以鼓励为主，多肯定学生，并指导学生根据完成作品情况填写"评价表"。目的是培养学生的自主、协作学习能力和团结互助的精神及学生发现美、鉴赏美、创造美的能力。

四、教学目标

1. 知识与技能

（1）了解图层的概念、图层调板的基本功能。

（2）掌握新建图层、移动图层、复制图层、删除图层、合并图层、隐藏与显示、调整图层效果的基本方法和技巧。

2. 过程与方法

学会根据需要恰当使用图层处理技术将不同图像中的素材完美融合，完成图像合成的方法。

3. 情感态度与价值观

（1）培养学生的自主、协作学习能力和团结互助的精神。

（2）培养学生发现美、鉴赏美、创造美的能力。

五、教学重难点

1. 重点

（1）了解图层的概念。

（2）掌握新建图层、移动图层、复制图层、删除图层、合并图层、隐藏与显示、调整图层效果的基本方法和技巧。

2. 难点

学会根据需要恰当使用图层处理技术将不同图像中的素材完美融合，完成图像合成。

六、教学过程

教学环节	教师活动	学生活动	设计意图
复习情境导入	复习：回忆上节课的相关知识点，包括建立选区（主要是套索工具）、图像的羽化、图像的变换（快捷组合键Ctrl+T）。引入：老师这里有几张水果的图片，用Photoshop将	1.学生共同回忆上节课的部分重点知识，包括建立选区、图像的羽化、图像的变换。	复习巩固上一节学过的相关知识，包括建立选区、图像的羽化、图像的变换。因为信息技术课程少，引导学生回忆旧知识非常有必要，同时也为学新知识做准备。

续 表

教学环节	教师活动	学生活动	设计意图
复习情境导入	这几张水果图片拼凑制作了一个水果娃娃，送给同学们，真的是非常可爱，向学生展示，引起学生的学习兴趣	2.观察教师展示的可爱的水果娃娃，开动脑筋想想：水果娃娃是如何在Photoshop中制作出来的呢?	展示教师作品水果娃娃，引发学生兴趣
新课讲解	图层相关知识的讲解。 1. 图层的概念。教师通过在几张透明的幻灯片薄膜中写字模拟Photoshop中的图层，帮助学生理解图层的概念。 2. 图层操作：新建、移动、复制、删除、合并、隐藏与显示图层。 3. 水果娃娃演示操作。从水果图片变成水果娃娃	1. 学习理解什么是图层，图层在Photoshop中的作用。 2. 思考结合图层效果处理对图像处理的作用与意义。 3. 观察了解教师如何利用图层制作水果娃娃，模仿学习	图层的相关知识在Photoshop的学习和使用中是非常重要的一环，学生完全通过自主探究学习不可能很好掌握。教师必须通过对相关的知识进行讲解、演示，学生通过认真观察、不断模仿练习，才有利于对知识掌握，提高综合应用能力
布置任务个性创作	1. 布置任务：同学们制作自己的水果娃娃，完成教师给出范例的制作。鼓励有能力的学生进行自主创作。 2. 教师巡堂，了解制作的情况，并提供指导	1.完成对图层相关技术的学习。 2.小组内进行讨论及互助。 3.完成水果娃娃的制作	让学生通过任务掌握用Photoshop进行水果娃娃制作的过程，进一步理解图层的概念，掌握图层的基本操作，体验过程
作品展示小组评价	展示学生作品，引导学生正确合理地评价作品。 评价依据： 1. 能否真正理解什么是图层。 2. 是否能使用图层的操作技术完成水果娃娃的制作。 3. 是否美观、有创意。 4. 学生完成评价表	1.小组代表作品展示。 2. 学会欣赏别人的作品。 3.完成自评及小组评价	培养学生学会正确评价作品，让学生发现自己的不足，借鉴和学习别人的优点

209

教学环节	教师活动	学生活动	设计意图
课堂小结	知识小结： 1.图层的概念。 2.图层的有关应用技术	1.自查自己对各个知识点掌握得如何，哪些方面还要加强和改进。 2.自查自己在小组学习中和同学们的协作情况，是否还有改进的地方	1.知识小结，帮助学生将学到的零散知识系统化。 2.通过对学生活动的小结，让学生学会学习，学会协作

七、教学量化评价表

作品名称			自评	互评	教师评价
评价指标		具体指标	自评	互评	教师评价
作品评价	技术性（30分）	灵活运用图层相关技术。（20分）（如：新建、移动、复制、合并、隐藏与显示的方法和技巧等）			
		运用了美化图像的技术。（5分）（如：套索、图像的变换、颜色调整、羽化及设置图层的混合模式）			
		运用了其他技术。（5分）			
	创造性（30分）	水果娃娃设计新颖，构思独特。（15分）			
		超有想象力和个性表现力的设计内容。（15分）			
	艺术性（20分）	反映出作者有一定的审美能力。（10分）			
		水果娃娃美观、结构和谐，具有艺术表现力和感染力，能调动观众的视觉元素。（10分）			
	协作性（20分）	帮助同组成员学习、理解图层及其操作技术。（10分）			
		共同协作共同完成水果娃娃的制作。（10分）			
评价等级	合计（100分）				
	总评	分　　　　评价等级			
	说明：优秀：100—90分，良好：89—80分，合格：79—60分，不合格：59—0分				

八、教学反思

本节课通过送给同学们一个可爱的水果娃娃作为引入，以设计制作同学们自己的水果娃娃为任务，激发学生的学习兴趣和创作欲望。在教学过程中，教师由浅入深，通过几张透明的幻灯片薄膜，演示在薄膜上写字模拟Photoshop中的图层操作，直观地帮助学生理解图层的概念，随后通过示范操作讲解水果娃娃的制作过程，把图层的相关操作技术教给学生，再通过任务驱动、自主探究、小组合作等教学法引导学生学习，完成制作自己的水果娃娃。在学生实践制作的过程中，教师通过巡视，及时发现学生在操作中出现的问题，通过点拨、启发引导，促进学生积极思考，鼓励学生在掌握基本技能的同时，最大限度地发挥他们的创新思维和创造力，完成作品的制作。作品完成后，展示优秀的水果娃娃作品，由制作的学生进行讲解和演示，并组织学生对各自作品进行自评与互评。最后，由教师实施评价和小结。

回顾本节课的教学，有以下几点问题值得思考：

（1）通过教师用透明胶片模拟演示，学生容易理解图层的概念，但是在实际操作时会忽略图层互相独立的特点，容易搞不清如何独立编辑某一图层中的对象。教师要强调：不同的图形对象可以通过图层组合成一幅完整的图；不同对象在不同的图层中可以单独进行编辑，互不影响；各种图层效果可以单独使用，也可以根据需要互相结合使用。

（2）图层技术在图像处理中应用广泛。由于教材篇幅有限，本节图层的混合模式不做介绍，但是部分学有余力的学生在自主学习的过程中会去尝试。教师要正确引导学生如何运用，并不是技巧用得越多效果就会越好。

（3）在教学过程中，教师需对遇到问题的学生进行个别辅导，并及时将创作效果较好的作品展示给全班同学欣赏。对他们运用的图层技术及效果作出点评，让学生充分体会运用图层效果和技术作用于图像所带来的无限创意。

《表格信息的加工与表达（图表）》教学设计

梅州中学　梁爱梅

一、教材分析

本课内容是广东教育出版社《信息技术基础》第三章"3.2.4利用图表呈现分析结果"。主要知识点是掌握三种常用图表（饼图、柱形图和折线图）的主要特征，学会根据不同的任务需求合理应用图表进行数据分析。

二、学情分析

教学对象为高中一年级的学生。高中生已经具有一定的逻辑思维和发展思维的能力，在教学过程中教师要注重引导学生自己分析问题，寻找规律，形成结论。但因为是山区的学生，存在一部分是初中没上过信息技术课的情况，他们在技术学习方面可能会有困难，应提供一些帮助给他们。

三、课标要求

（1）能够根据任务需求，熟练使用表格处理软件加工信息，表达意图。

（2）初步掌握用计算机进行表格信息处理的基本方法，认识其工作过程与基本特征。

四、教学目标

1.知识与技能

（1）理解用图表来表现信息的特点与意义。

（2）能根据表格数据关系选择合适的图表类型。

（3）能够利用表格、图表的形式分析数据，发现有价值的规律，并以图形化的表格数据直观表示，最后形成报告。

2. 过程与方法

（1）通过现实的例子理解图表的特点。

（2）通过正确和错误例子的对比，达到能正确选择各种图表的目的。

3. 情感态度与价值观

体会学习用图表加工数据的意义，自觉养成多角度处理信息的习惯，努力提高自己处理信息的能力。

五、教学重点

1. 重点

（1）用图表处理工具学习加工表格信息的基本过程和方法。

（2）根据任务需求，采用恰当的图表呈现方式（如适当的图表类型及恰当的文本内容等）表达意图。

2. 难点

如何根据任务需求，熟练使用文字、图表处理等软件加工信息，表达意图。

六、设计意图

在本节课中我使用了课本中"文明班集体评优统计分析"的例子而没有找其他的例子，是因为我的学生不少是没有任何基础的，把课本的东西给他们讲透，让他们掌握是我最大的目的，若忘记了翻开书本还能再找回来，而且教材里的例子也是编写者精心设计的。但后面要完成分析报告的数据，我给了学生选择的权利。

七、教学手段

通过理解图表的作用，采用讲练结合、任务驱动、自主探究、讨论相结合的教学方法，让学生学会利用图表的形式加工数据，并熟练掌握根据需求选择合适的图表表达意图的技能，且能配以恰当的文字说明形成最后的分析报告。

八、教学过程

教学环节	教学进程与方法		设计意图
	教师活动	学生活动	
导入新课	打开新浪网站中"热点调查"的界面让学生看调查结果,让学生思考网站为什么要用图表这种表现手法,引出图表表现手法"简单、直观、清晰、明了"的特点,引入新课学习	学生分析图表表现手法的好处	培养学生分析问题,发现图表表现手法的特点的能力
新课学习	1.怎样生成图表?(利用"任务4表格.xls") 任务一:按课本P52任务4的提示,将表格数据进行图表化。 教师引导学生学习图表表示的意义,得出结论:各班之间各项成绩的比较情况	学生完成相关表格数据的图表化	培养学生动手操作的能力,并理解用图表向导生成图表的过程
	2.图表数据的转置 任务二:将图表数据进行转置。 教师提示学生,转置的根本就是"系列产生在列还是行"。 讨论:转置前后的图表表示的意义相同吗?(用具体的图表) 结论:不相同。转置前表示各项各班成绩的比较情况,转置后表示各班各项成绩的比较情况。 教师引申:对于同一组数据,如果从不同的角度、不同的侧面、不同的目标来寻找数据与数据之间的关系,就会得到不同方面的结果。这就是利用图表加工信息的价值所在	学生看书探讨"图表数据"的转置,并回答问题,得出正确的操作方法。 学生完成相应图表数据的转置。 学生讨论、比较。 学生总结	培养学生发掘工具软件应用的能力以及分析问题、总结观点的能力
	3.几种图表的用途及特点分析 教师用和前面相同的源数据,做成饼图和折线图,和前面做好的柱形图放在同一界面来进行分析,先让学生来选择如果要表达各班之间各项成绩的比较情况,你会选择哪种图表,为什么,从而引出各种图表的用途。 教师强调:不同的用途要用不同的图表表示,才能得到有用的信息。如对各种数据大小、多少的对比,用柱形图或条形图;如股票信息要用折线图;	回答问题。 学生讨论并回答各种图表表示的用途。 学生阅读P54表3-4	培养学生探究问题的能力

续　表

教学环节	教学进程与方法		设计意图
	教师活动	学生活动	
新课学习	要表示各班的成绩变化趋势情况，也要用折线图；如要描述数据之间的比例分配关系，用饼图（附全国十佳绿色城市评比用户分析图）。关键字分别是：比较、趋势、比例	"几种图表的用途及特点分析"	培养学生探究问题的能力
	4.形成报告 形成报告的重要性：一则可以展示报告效果图，让学生自己根据所学知识进行报告部分的设计。 二是可以展示学生成果，让学生先评，教师再点评	学生根据自己的兴趣选择好数据表，进行分析、思考、完成相应报告的设计。学生互评	旨在培养学生分析问题、解决问题的能力，以及评价作品的能力
小结	1.图表加工数据的意义。 2.图表数据的转置。 3.不同的用途要用不同的图表进行分析		

九、教学反思

通过对本课教学过程的反思，我认为有以下的一些优点和不足：

重难点把握恰当，较好地完成了教学目标。通过案例教学和任务驱动的方式，让学生体会到利用图表呈现数据结果的优点，并且学会选择恰当的图表类型并形成分析报告。

教师引导学生分析问题、总结规律，有助于培养学生良好的思维习惯。

紧扣教材，结合实际，在常态课中也可以按这个设计来教学。

在最后的作品点评中加入学生点评，达到良好的教学反馈效果，也使学生在评价过程中掌握分析问题、欣赏作品的能力。

不足之处是本课时间稍紧，不能更多地展示、点评学生的作品。

《图像加工——Photoshop入门之简单构图调整》教学设计

兴宁市第一中学　温利英

一、教材分析

本节课内容是粤教版教材《多媒体技术应用》第四章"图形图像的采集与加工"第3节"图像的加工"中的"图像简单合成"第一节课的学习。主要让学生进一步了解多媒体作品开发的一般过程，理解素材采集后，必须经过加工、合成才能为自己所用，学会利用Photoshop软件，对图像进行简单构图调整，掌握利用规则选择工具和移动工具、羽化菜单，对图像进行剪切、抽出、美化、合成，达到复制图像的一部分或全部，从而产生某部分的或全部的拷贝，达到拼图以及对图像的整体效果调整、重新构图。

二、学情分析

教学对象是高中二年级的学生，他们在前面已经学习掌握了图形、图像的类型、格式，以及对图像的采集存储、呈现和传递的基本特征和方法，清楚认识到采集到的图像很少可以直接应用，需要我们根据构图和设计，对图像进行重新构图。而且学生初步掌握了Photoshop的基本使用方法，可以灵活利用规则选择工具、移动工具等方法对图像进行重新构图，为下一步的套索、魔棒、滤镜抽出等工具的使用做铺垫。

三、教学目标

1. 知识与技能

（1）学生自己动手制作，熟悉Photoshop界面及工具选择，回顾以前的创作，理解和掌握矩形、椭圆等选择工具的妙用，激发学生学会用其他选择工具来抠图，并掌握其妙用的兴趣和冲劲。

（2）掌握利用矩形、椭圆选择工具，复制图像的一部分或全部，从而产生某部分的或全部的拷贝。

（3）掌握利用羽化菜单，对所裁剪图形边缘进行柔化和渐变，让合成的图像更加逼真。

（4）进一步了解多媒体作品开发的一般过程：需求分析—规划设计—素材的采集与加工—作品集成—测试—发布—评价。

（5）了解应用工具，对图像的整体效果进行调整。

2. 过程与方法

（1）理解和掌握制作多媒体作品界面的基本过程。

（2）进一步理解和掌握图像调整的基本过程。

（3）运用规则的选择工具和羽化菜单对图像进行构图调整、美化图像。

3. 情感态度与价值观

（1）学会在学习中领悟制作过程和方法。

（2）培养学生的自主学习能力、协作能力、构图能力、审美能力、创新能力。

（3）增强学生的注意力、空间想象力、平衡感觉，有益于与其他学科的整合。

四、教学重难点

1. 重点

理解掌握Photoshop中抠图、拼图概念，掌握用最简单的规则（矩形、椭圆）选择工具，对两幅图片进行加工、合成，并能理解羽化的作用，灵活运用工具进行构图和图像调整。

解决措施：让学生通过回顾图像色彩调整来加工、美化图片，进一步利用最简单的选择工具——规则选择工具来进行抠图、拼图和微课的学习，感受羽化效果，并能灵活使用其羽化像素的尺度；让学生阅读课本后进行分析讨论，感受构图的方法；教师讲解、演示，让学生充分理解构图工具的使用效果、使用方法等，并能灵活应用这些工具。

2. 难点

对图像进行构图调整，选择合适的抠图工具（矩形、椭圆）进行构图时，应在何时进行羽化？羽化像素是多少？是在选择图像前还是在选择图像后、是在原图中还是在目标图中羽化？促使学生学会选择适合的羽化像素，自由发挥想象力，提高学生的审美能力和创新能力。

五、教学思路

本课的教学设计内容主要分为七部分：

1. 提问展示，温故知新

回顾复习上一节内容时，可单个提问学生或者采用学生集体回顾复习的方式：色彩三属性是什么？（色相、纯度、饱和度）对图像进行色彩调整的方法？（叫学生上台操作、演示色彩三属性的调整，随后老师进行纠正、强调，并对色彩调整要注意的事项作强调、说明，要学生注意对容差的理解）什么是容差？（在选取颜色时所设置的选取范围。容差越大，选取的范围也越大，其数值是在0~255之间）

2. 激发兴趣，新课导入

展示一些加工过的图片合成示例（如北冰洋的小鸭子、卖唱、秀色可餐的汽车、未来战士等），激发学生的创作欲望，导入新课。

3. 讲授新课，上机实战

展示上述目标作品后，首先由老师讲授、介绍规则选择工具（矩形选择、椭圆选择工具）和移动工具，注意"变换选区"调整选择范围，然后让学生观看教师演示两个简单图像的合成操作；之后是分组（4人为一小组）讨论并制作，让学生按现有素材，自己用规则选择工具和移动工具进行简单构图；最后是老师依据学生制作过程中存在的问题，如图像的拼接过于明显等引出"羽化"的作用，让学生重新构图，及时在解决问题中进行羽化的理解和操作等。此外，老师在此处需注意观察和对工具、菜单进行讲解与强调。

4. 在做中学，实践探讨

首先展示目标作品及微课；然后对学生进行分小组（4人为一小组）创作活动，阅读课文，观看课件幻灯片提示，利用选择菜单的"反选"子菜单和【Delete】删除键，制作相片的椭圆镜框形式，或裁剪成卡片式的梦幻图像，鼓励学生间互相讨论制作作品；最后展示作品，让学生评价各小组作品，自我总结操作注意事项。

5. 课堂小结，抠图灵活

让学生回顾本节课内容，用最简单的选择工具来完成构图调整中的抠图方法，注意羽化的像素点。

6. 拓展探究，感悟乐趣

主要让学生在用规则（矩形、椭圆）选择工具的基础上，自己体验利用魔棒工具、套索工具对图像进行抠图、构图的效果。这里老师只做提示及图例展示。

7. 书面作业，巩固掌握

用一句话描写出构图调整的心得体会。

六、依据理论

本课主要利用Photoshop对图像进行简单的重新构图，了解软件的界面及利用规则选择工具及羽化菜单进行抠图；然后，利用复制、粘贴进行重构图像，并利用变换选区、变换图片大小等菜单进行辅助操作，让重构图像尽量完美。充分理解构图的重要性，感受构图的乐趣，了解构图调整需对图像进行剪切、抽出、修改、合成等，进一步提升学生的审美能力和创新能力。

教学过程中主要通过任务驱动、学生小组讨论交流、教学演示、作品评价等方式让学生理解掌握本课操作方法及内容延伸，对比学习的设计思路，以让学生"在做中学"来达到教学目标。

七、教学过程

教学环节	教学内容	所用时间	教师活动	学生活动	设计意图
			教学过程		
（一）提问展示，温故知新	通过展示学生上节课的优秀作品，提问个别学生或者学生集体回顾复习：什么是色彩三属性？复习对图像进行色彩调整的方法，并叫学生上台操作，随后老师进行纠正、强调，并对色彩调整要注意的事项作强调、说明，要学生注意对容差的理解	3分钟	师：展示上节课学生创作的素材和作品（PPT），回顾以前的内容。 提问：上面的图像制作是用什么工具完成的？图像色彩三属性是什么？（提问个别学生或让学生集体回答） 答：色相、纯度、饱和度。 师：操作要点：利用图像调整菜单。（接着是学生利用已有素材，进行操作） 师：（展示回放学生的优秀作品）让学生思考图像调整的方法。点名叫学生上台演示操作图像三属性的调整，并点评。 师（强调指出）：容差的理解（容差，在选取颜色时所设置的选取范围。容差越大，选取的范围也越大，其数值是在0～255之间） 师：操作演示过程中，老师提问学生"宰相肚里能撑船"与"眼睛里容不进沙子"分别代表的容差是多少？是0还是255？ 生：（大部分能答对） 师：老师说"宰相肚里能撑船"是容差为255时，就像我们做人一样，要大度，要有容忍度。"眼睛里容不进沙子"就如0容差一样，我们搞科研、做研究时就要这样，一丝不苟，做到精细准确	学生欣赏思考口答 动手操作，色彩调整 学生动手中进行容差理解	通过提问、作品展示、学生演示，回顾过去所学的图像调整工具，激发学生对梦幻色彩的向往
（二）激发兴趣，导入新课	展示一些加工过的图片合成示例（如北冰洋的小鸭子、卖唱、	1分钟	图像展示： 	学生欣赏作品，	通过作品欣赏，激发学生的学习兴趣，

续表

教学过程					
教学环节	教学内容	所用时间	教师活动	学生活动	设计意图
（二）激发兴趣，导入新课	秀色可餐的汽车、未来战士等），激发学生的创作欲望，导入新课	1分钟		激发学习兴趣	导入新课
（三）讲授新课，上机实战	展示上述目标作品后，由老师讲授、介绍规则选择工具（矩形选择、椭圆选择工具）和移动工具，注意"变换选区"调整选择范围，然后教师演示两个简单图像的合成操作。再后是分组（4人为一小组）讨论并进行简单构图。最后是老师依据学生制作过程中存在的问题，如图像	20分钟	师：讲授、介绍规则选择工具（矩形选择、椭圆选择工具）和移动工具。并由"选择一中、选择成功"引起同学们注意，我们进行抠图，选择操作第一步。 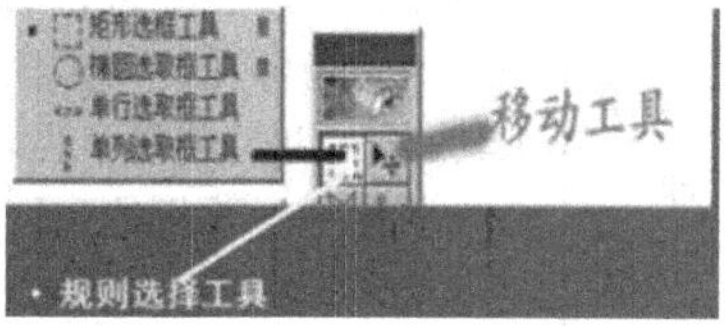 师：操作演示，抠图、拼图全过程  操作方法（1）：用椭圆或矩形工具选择，点中"移动工具"，直接将选中内容拖到另一选中的背景图中后，松开鼠标，最简单合图即完成。调整图像的大小，强调注意"变换选区"调整选择范围。	学生听老师进行工具介绍。 观看思考老师的演示：注意用方法（1）或（2）的异曲同工之处	学生通过制作"效果图"感受构图乐趣，了解图像的选择、复制、粘贴及羽化，提升美感

221

教学过程					
教学 环节	教学内容	所用 时间	教师活动	学生 活动	设计 意图
（三） 讲授新 课，上 机实战	的拼接过于 明显等引出 "羽化"的 作用，让学 生重新构图	20分 钟	操作方法（2）： 选择范围—（编辑）复制—目标地方 （编辑）粘贴 生（上机实践）：分组（4人为一小 组）讨论并制作，让学生按现有素材 自选两图进行构图，自己用规则选择 工具和移动工具进行简单构图。 老师：展示学生作品，并依据学生制 作过程中存在的问题，提问"如何解 决图像的拼接过于明显的问题"，即 如何解决合成的图像如剪刀加浆糊形 成的图像？从而引出"羽化"的作 用，并简单讲解，让学生重新构图， 及时在解决问题中进行羽化的理解和 操作等。老师在此处需注意观察和对 工具、菜单进行讲解、强调。 师：羽化——柔化选择区边缘，使选 区边缘产生渐变和过渡的效果。 羽化方法：选中需羽化的对象—"选 择"—"羽化" 对比下一图像，哪个是羽化过的图像？ 注意：自己感受羽化像素大小带来的 梦幻与真实，把握像素大小的度。 （羽化后效果图） 展示作品效果图例举，学生不拘一格 地完成创作。	上机 实践 学生小 组　讨 论评价 作品， 并想如 何解决 问题。 感受羽 化及羽 化像素 带来的 奇妙变 化。 上机实 践，并 保存提 交作业	学生通过 制作"效 果图"感 受构图乐 趣，了解 图像的选 择、复 制、粘贴 及羽化， 提升美感

续 表

			教学过程		
教学环节	教学内容	所用时间	教师活动	学生活动	设计意图
（三）讲授新课，上机实战	的拼接过于明显等引出"羽化"的作用，让学生重新构图	20分钟	效果图： 师：复制过来的图片，可能太大或太小，方向如何处理? 生：用"自由变换"菜单来调整。 文件保存提交：保存到D盘或服务器S2中自己班级的文件夹中，文件名为座号姓名，格式为.jpg，并提交作业到教师机。 师：同学们继续实战操作（修改）5分钟		
（四）在做中学，实践探讨	首先展示目标作品；然后学生分小组（4人为一小组）进行创作活动，阅读课文，观看课件幻灯片提示，学生间	8分钟	师：（展示效果图） 师：提示，制作相片的椭圆镜框形式，或裁剪成卡片式的梦幻图像，需利用选择菜单的"反选"子菜单和【Delete】删除键。不懂的地方可以观看微课"Photoshop规则选择工具使用（镜框及卡片制作）微课"。 生：观看微课，各小组相互协作，共同理解完成作品，注意文件的保存。看哪组做得最好。	学习PPT或观看微课，进行学习，分4人为一小组活动，让各小组协作学习，探究制作，注意羽化像素是	让学生通过自己阅读课文、微课学习、自主学习、协作学习来完成任务。

续 表

教学环节	教学内容	所用时间	教师活动	学生活动	设计意图
（四）在做中学，实践探讨	互相讨论制作作品；最后展示作品，让学生评价各小组作品，自我总结操作注意事项	8分钟	教师巡视学生操作5分钟，然后展示学生作品，让各组互相评价，老师点解。最后3分钟展示学生作品，进行作品评价	5点和80点有何区别？何时的羽化像素点要多或少？作品点评，回放学生作品	对比上面工具的操作方法，进行自我归纳、取舍
（五）课堂小结，抠图灵活	让学生回顾本节课内容，用最简单的选择工具来完成构图调整中的抠图方法，注意羽化的像素点	8分钟	师：本节工具是Photoshop入门的第一工具、最简单的规则选择（矩形或椭圆）工具、羽化菜单、【Delete】键，辅助之于移动工具，或复制粘贴，自己先试着给自己的作品命名。 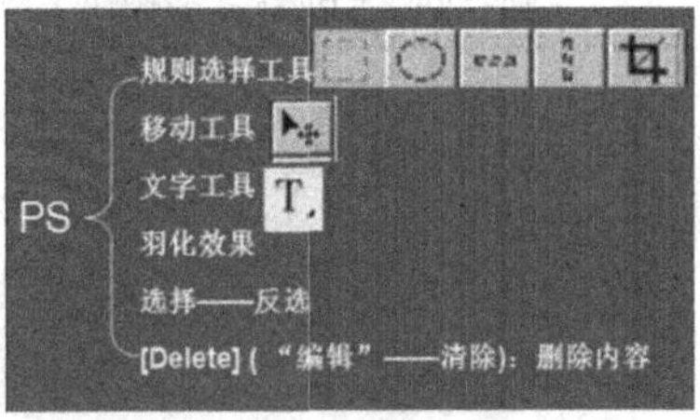 方法：选择—羽化—移动（复制、粘贴） 注意： 1. 我们要感受到选择的重要性。要想对图像等进行操作，第一步的"选择"是非常关键的，就如我们人生在不同路口的选择一样，至关重要。 2. 羽化像素的选择，如何使作品效果达到最佳？它和容差的感觉有何异同？ 3. 羽化是在选择后进行，是在原图中进行还是在目标的图像中进行？（在原图中）	学生回顾本节课所学内容、工具，集体回答老师问题	通过回顾、总结本节课内容及操作，理清思路，做到能灵活运用选择工具进行图像构图，为下一节做准备

续 表

			教学过程		
教学环节	教学内容	所用时间	教师活动	学生活动	设计意图
（六）拓展探究，感悟乐趣	主要让学生在用规则（矩形、椭圆）选择工具的基础上，体验利用魔棒工具、套索工具对图像进行抠图、构图的效果。这里老师只做提示及图例展示	7分钟	师：同学们请回顾本节课内容及操作，在用规则（矩形、椭圆）选择工具的基础上，体验利用魔棒工具、套索工具对图像进行抠图、构图的效果，让我们把图像加工得更为漂亮、美观。 展示效果：（鼠标概念车） 生：学生上机体验魔棒工具、套索工具。 提示：	学生按老师提示，对修补工具进行实践练习，互相讨论、互相评价，令学生们惊喜连连。（鼓励学生在课外继续探究此工具的奥秘）	学生拓展探究其他的选择工具：魔棒工具、套索工具等
（七）书面作业，巩固掌握	书面作业，巩固掌握	1分钟	作业：用一句话描写出构图调整的心得体会。 （下节课提问，进行口头描述） 附：本节上课操作流程，学生上机时备查 附：Photoshop上机实践操作流程： （1）Photoshop之启动； （2）打开2幅图片以上："文件"—"打开"； （3）用规则选择工具选择区域；	学生记下作业	通过书面作业进行思考，达到进一步理解掌握构图要注意的地

225

续 表

教学环节	教学内容	所用时间	教师活动	学生活动	设计意图
（七）书面作业，巩固掌握	书面作业，巩固掌握	1分钟	（4）羽化像素："选择"—"羽化"； （5）用移动工具 ▶ 移动，移至另一文件，观察其结果； （或用编辑菜单复制所选图区，到目标地方粘贴）； （6）用文字工具 Ｔ，录入文字，并调整大小； （7）保存文件：PSD原格式文件(文件—另存为一)	学生记下作业	方、注重图像的美感、整体效果的调整，达到至美境界

八、教学反思

本节课中学生的实践活动贯穿主体，设计了4次上机实战操作，3次思考或回答老师提问，2次小组自主学习、协作讨论，2次共同评价或互相评价学生作品。

老师以提示、点解、巡堂、答疑、评价为主导。本课设计了用Photoshop进行图像构图的最简单工具——规则（矩形、椭圆）选择工具及移动菜单（复制、粘贴），在学习过程中，要学生了解羽化、变换选择、自由变换等菜单辅助使用，让学生了解"选择"的重要性，以及构图的最简单过程。让学生理解、掌握、对比在构图调整时的构图过程及效果处理。充分调动学生的求知欲、兴趣性、积极性和创造力，让学生在愉快的氛围中学习、创作，进一步提升学生的审美能力和创新能力，以让学生"在做中学"来达到教学目标。

《利用Power Point进行多媒体作品的合成与发布》教学设计

兴宁市第一中学　温利英

学科：信息技术　　版本：粤教2003课标版		课本：《信息技术基础》
学校：兴宁市第一中学　授课年级：高一年级		教师姓名：温利英
章节名称	第三章　信息的加工与表达（上） 3.3　多媒体信息的加工与表达（第3节课） 3.3.5&6　多媒体作品的集成与发布 ——利用PowerPoint进行多媒体作品的合成与发布	计划学时	1课时（40分钟）
学习内容分析	本节课内容是粤教2003课标版《信息技术基础》的《第三章　信息的加工与表达（上）》中，第3节3.3　多媒体信息的加工与表达（第3节课）《3.3.5&6　多媒体作品的集成与发布》。 前面两节课我们了解了多媒体作品制作的基本过程是"需求分析—规划设计—素材的采集与加工—作品集成—发布与评价"，并对多媒体素材做了需求分析、规划设计、素材加工准备。本节课主要让学生学会利用PowerPoint软件，将已准备好的素材（如文本、表格、图形、图像、声音、视频、动画等）按照自己的思路、设计进行作品的集成与发布，形成多媒体作品，提高学生对多媒体作品的制作、鉴赏能力		
学习者分析	教学对象是高中一年级的学生，他们在前面已经初步掌握了多媒体作品制作过程的需求分析、规划和设计，多媒体素材的采集与加工等，本节课需要学生学习了解PowerPoint幻灯片制作软件的操作，并将前面准备好的多媒体素材，按自己的思路、规划和设计，将其进行编辑，呈现为多媒体作品并发布出去，让同学们下节课去鉴赏、评价、修改。本节课主要是学会PPT的制作，3分钟学会制作一个完整的PPT，并认真学习如何在PowerPoint中插入各种媒体，如文本、图形、图片、艺术字、音频、视频等，学会保存、放映及发布，有时间的学生要思索探究，如何在PPT中插入Flash（.SWF）动画等		

227

教学目标	课程标准	选择多媒体软件（如PowerPoint）中的菜单，在已作好规划、设计、素材准备等后，对多媒体素材进行编辑、制作成品，并进行发布。通过此节学习，让学生对多媒体信息的加工与表达有了进一步的理解，掌握制作多媒体作品的基本过程，提高审美能力、鉴赏能力等，领悟作品真谛
	知识与技能	1. 学生自己动手，3分钟学会利用PowerPoint进行一个完整PPT制作，激发学生的创作欲望。 2. 利用插入菜单，学会在PPT中插入文本、图片、艺术字、音频、视频等已准备好的多媒体素材，最后进行保存、发布（打包）等。 3. 思考探究，如何在PPT中插入Flash（.SWF）动画
	过程与方法	1. 理解和掌握制作多媒体作品（PowerPoint）的界面和基本过程。 2. 进一步理解和掌握在PPT中插入、修饰多媒体素材的基本方法。 3. 综合运用各种素材，修饰、美化多媒体作品
	情感态度与价值观	1. 学会在学习中领悟制作过程和方法。 2. 培养学生的创作能力、审美能力、创新能力。 3. 增强学生的注意力、空间想象力，有益于与其他学科的整合
教学重点及解决措施	教学重点	理解、掌握、灵活利用PowerPoint中"插入"菜单，特别是图形、图像、音视频的插入和编辑，掌握多媒体作品的合成的基本方法，并进行打包发布
	解决措施	通过让学生回忆以前学过的文本、表格的加工与表达过程，并让学生阅读课本、讨论分析、上机实践，感受利用PPT展示多媒体素材，并形成多媒体作品的方法、过程，教师讲解、演示、点评，让学生充分理解、感受PPT制作的多媒体作品的制作效果等，并能灵活掌握应用"插入"菜单
教学难点及解决措施	教学难点	理解、掌握、灵活利用PowerPoint中的"插入"菜单，特别是音频、视频的插入、编辑和调试，以及PPT的打包发布。选择合适的软件完成多媒体作品的合成，在综合运用PPT各类菜单的同时，自由发挥想象力，提升学生的审美能力和创新能力
	解决措施	学生通过对插入音频、视频以及发布作品等的操作，深刻理解多媒体素材的插入、修饰的使用时机、使用效果、使用方法等，充分多媒体作品构思、创作的乐趣，发挥想象力、灵活应用工具，提升自身的审美能力和创新能力

教学设计思路	本课的教学设计内容主要分为八部分： 1.回顾展示，新课导入 你能在3分钟内学会制作一个简单完整的课件吗？主要是通过展示学生以前的作品，勾起学生的回忆，让学生先回顾、思考前面所学，选择软件、工具将前面准备的素材制作成幻灯片，然后老师简单提示所用软件为PowerPoint，并提示制作一个完整课件的三步曲，简演操作要点，然后让学生自己动手再次制作一个最简单、完整的PowerPoint课件。请一学生上台操作展示（大屏幕），其他学生在下面操作：新建三张PowerPoint并录入主题，设置背景和PowerPoint放映动画等从而达到导入新课的效果。 2.新课讲演，实战操作 让学生按老规矩分为四个创作小组，进行集体活动。 在学生完成最简单、完整的PPT课件后，导入新课内容（板书及链接）： （1）文本框、图形绘制及设置。 （2）插入图片。 （3）插入艺术字。 （4）插入音频。 （5）插入视频。 （6）幻灯片放映，保存发布。 （7）实战作业，小结分析。 （8）思考探究，课外作业。 让学生自主欣赏作品"学校简介"，老师进行讲演后让学生操作并随机点评，或在学生实战操作后由教师再总结、点评，令以上媒体插入逐一得到完成并巩固。最后是老师依据学生制作过程中存在的问题，在展示学生作品的过程中，重申学生制作PowerPoint的方法及应注意的问题等。 3.协作探究，开阔思路 首先展示目标作品；然后让学生分小组（4人为一小组）进行创作活动，插入图片等简单的操作让学生看课件内容后自己直接操作，最后展示作品，让学生评价各小组作品，自我总结操作注意事项。 4.知识拓展，感悟乐趣 主要让学生自己学会PowerPoint作品"发布"，这里老师只做提示性的演示。 5.课堂小结，灵活插入媒体 让学生回顾本节课内容，要想完成在PPT中插入各种媒体，方法是怎样的？会用到哪些菜单或工具？并熟练掌握。 6.书面作业，巩固掌握 选择所喜欢的"抠图"工具，写出构图调整的过程和心得体会。 7.拓展探究，注重效果 拓展研究如何在PowerPoint中插入Flash动画，并发布打包，注重设置，让学生进行课外阅读、网络搜索或观看微课等，进一步完善多媒体的集成与发布

依据的理论	本课主要通过让学生利用PowerPoint的插入菜单，将多媒体素材（文本、图像、声音、视频等）插入PowerPoint中，令各种媒体浑然一体，形成一个有感染力的多媒体作品。 利用PPT进行多媒体作品的合成及发布，达到灵活运用软件目的的同时，充分理解多媒体作品整体构思的重要性，感受创作成品的乐趣，了解在PPT中对文本、图形、图像、音频、视频等进行合成的步骤等，进一步提升学生的审美能力、操作技能和创新能力。教学过程中主要通过任务驱动、学生小组讨论交流、教学演示、学生上机实战、作品评价等方式让学生理解掌握本课操作及内容延伸，对比学习的设计思路，让学生以"从做中学"来达到教学目标

信息技术应用分析				
知识点	学习水平	媒体内容与形式	使用方式	使用效果
文本框、图形绘制及设置	文本框的插入、图形的绘制及修饰、设置	多媒体教学课件	展示作品效果图，教师操作、讲演，随后让学生们上机操作并随堂点评	激发学生的兴趣，把现实搬进电脑，感受美景，感受创作的乐趣。从多角度让学生对比、理解、掌握各菜单的妙用
插入图片及修饰	图片的插入及工具栏的作用	多媒体教学课件	教师展示效果图，以小组活动形式进行图片的插入及其形状的修饰	
插入艺术字	艺术字的插入及其修饰	多媒体教学课件	学生自学练习，感受艺术字的精彩	
插入音频	插入声音、录制声音，并进行一定的设置	多媒体教学课件、网络学习	感受录制自己的声音并将其插入PowerPoint中的乐趣	
插入视频	插入影片片段	多媒体教学课件、网络学习	插入电影片段或自己的录像，并进行设置	
幻灯片放映、保存、发布	学会设置幻灯片的动画设置、播放、保存，并进行打包发布	课件及网络搜索学习	老师讲演后，学生自己操作、理解	

教学环节	教学内容	所用时间	教师活动	学生活动	设计意图
			教学过程		
（一）回顾实践，导入新课	通过展示学生以前准备好的素材，让学生先回顾、思考所学内容，回忆多媒体作品制作过程五步曲"需求分析—规划设计—素材的采集与加工—作品集成—发布与评价"，考虑本节课拟按自己想创作的作品进行需求分析、规划设计，设计自己的创作思路。然后让学生在3分钟内学会制作一个简单完整的课件。学生进行操作——3分钟建PPT，并进行背景设置、放映。激发学生创作愿望、创作兴趣，并顺理成章地导入新课	4分钟	师：展示以前的学生创作的素材和作品（PPT），并让同学们看下面PPT的效果文件，回顾前面所学内容。 任务：你能在3分钟内学会制作一个简单完整的课件吗？ 师：（操作要点）老师简单提示创作课件步骤：新建文件、幻灯片—编辑主题、内容—设置背景和幻灯片放映动画。 师（指导）：巡堂，指导学生创作，为学生答疑。 师（点评）：3分钟后，展示部分学生作品并进行点评或演示	学生欣赏、回顾 听讲、观看、理解 动手操作简单的PPT制作全过程 听老师点评要点，学生间互相交流	利用让学生回顾练习所学过的Windows窗口、Word等操作方法，引入新课，激发学生创作的兴趣，顺理成章地导入新课
（二）新课讲演，实战操作	首先展示目标作品效果图（兴宁一中简介），然后让学生看书并听教师讲授、演	12分钟	师：（展示"兴宁一中简介"作品，培养学生对学校的情感）同学们，每天在学校，大家对我们的学校了解吗？一中的历史、杰出校友，如你知道	学生观看成品，心里鉴赏老师作品是否做得	学生通过对"插入"菜单中图形、

续 表

教学过程					
教学环节	教学内容	所用时间	教师活动	学生活动	设计意图
（二）新课讲演，实战操作	示图形的插入和修饰、组合，简说插入文本框，由学生自主学习，并按平常上课分为4组，讨论并制作，让学生按自己的构思进行上机实践，新建PPT，进行文本、图形的插入和修饰。老师随堂指导学生，依据学生制作过程中存在的问题，在展示学生作品过程中，重申制作方法及应注意的问题等	12分钟	六位国足是谁吗？校园文化底蕴你了解吗？师：提供文本素材、图片、声音、视频、Flash动画等素材，讲演文本的图形绘制及修饰，文本框的插入和修饰由学生自己看课件或网络学习后完成。（然后让学生进行上机操作练习）师：巡堂并指导学生进行操作，回答学生提出的疑难问题。（学生操作5分钟后，教师进行点评）师：大家制作得怎么样呀？我们来看一些学生的作品（教师回放部分学生作品，学生集体说哪一个作品完成得最好）	好，哪里需要改正等。听老师提问，并随意集体回应。上机实战指导学生作品展示，互评	文本框的插入和修饰，实践操作，感受创作乐趣，了解掌握插入菜单的使用，提升美感
（三）协作探究，开阔思路	让学生自主学习、协作学习：看课件或网上搜索或按前面学过的Word软件的图片、剪贴画、	9分钟	师：巡堂并指导学生进行操作，回答学生提出的疑难问题。（学生操作8分钟后，教师进行点评）提示：1.插入菜单工具	学生分组实践（自主学习）：回顾所学Word中插入图片和艺术字的方法，或看课件或网络搜	学生通过自学和协作学习，了解并掌握"插入"菜单中图片、剪贴画、艺术字的插入和修饰，实践

续 表

教学环节	教学内容	所用时间	教师活动	学生活动	设计意图
			教学过程		
（三）协作探究，开阔思路	艺术字的插入操作，自行插入图片、艺术字，并进行修饰	9分钟	2.图片等修饰工具 3.插入艺术字（学生自主学习、协作学习） 艺术字 师：展示一些学生的作品（教师回放部分学生作品，学生集体说哪一个作品完成得最好），并进行操作点评。 师：学生操作演示时，老师即时点评，纠正操作方法、提出注意问题	索学习后进行上机操作。有疑必问；部分作品展示，互评；叫个别学生上台操作演示并讲解过程。	操作，感受创作乐趣，了解掌握插入菜单的使用，提升美感
（四）协作探究，开阔思路	在PPT中插入声音，并进行时长、音量等的调节，学会录制声音，制作旁白	5分钟	师：讲解、演示插入文件中的声音、剪辑器中的声音或播放乐曲中的一种，提示学生自己先试着进行"声音录制"。 师：提供声音素材，供学生上机实践时插入音频，录制声音时让学生进行小组协作学习、探究，老师巡堂指导。 师：叫一学生操作演示，老师即时点评，纠正操作方法、提出注意问题。 师：教师巡视学生操作5分钟，然后展示学生作品，让各组互相评价，最后做操作点评与解释	学生听讲观察 上机实践（不懂的网络搜索学习） 叫个别学生上台操作演示并讲解过程。学生互相评价	通过听讲、观察部分操作，以及学生自己通过网络学习、协作学习等完成任务

233

续 表

			教学过程		
教学环节	教学内容	所用时间	教师活动	学生活动	设计意图
（四）协作探究，开阔思路	在PPT中插入电影片段，让学生自主操作、协作学习，在教师指引下进行，学生操作结束后，教师再进行点评指导		师：提供兴宁民俗、兴宁一中片段，供学生上机实践插入视频，并对视频的时长、播放形式等进行设置，学生进行小组协作学习、探究，老师巡堂指导。 师：老师叫一名学生上台操作，并对影片插入、设置调整作点评、讲解 	上机实践，进行网上学习或看PPT或协作学习、询问教师等。一名学生上台演示、讲解	学生通过网络学习、协作学习等完成任务。对比插入菜单的操作，进行自我归纳、取舍
	幻灯片放映、保存发布。	3分钟	师：演示操作幻灯片放映、保存、发布等重点内容和注意事项： （一）幻灯片播放 1.自定义动画：单击"幻灯片放映"—"自定义动画"—"添加效果"—…… 2.幻灯片切换："幻灯片放映"—"幻灯片切换"。 3.幻灯片的播放： 从当前幻灯片开始播放 从第一个幻灯片开始播放：F5或"幻灯片放映"—"观看放映"。 4.调整播放顺序。 （二）幻灯片的保存、发布打包 1.保存为PPT格式："文件"—"保存"。 2.保存为网页格式："文件"—"另存为网页格式"。	学生听观讲演，确实理解放映、保存、发布的注意事项	学生重温文件保存，注意PPT保存、发布和其他办公(OFFICE)软件保存的不同方法及后缀名、形式等

续 表

			教学过程		
教学环节	教学内容	所用时间	教师活动	学生活动	设计意图
（四）协作探究，开阔思路	教师讲解、演示操作，强调注意事项，特别是PPT插入了音频、视频、动画后，如果只是保存文件的话，当你的文件放到其他计算机不同路径下播放时，这些多媒体是播放不出来的，只有通过发布打包成CD数据包后，你的幻灯片才可以在任意计算机任何路径下照样执行播放	3分钟	3. 保存为放映格式："文件"—另存为—PP放映（类型）。 4. 发布打包："打包"工具用于将演示文稿和它所链接的声音、影片、文件等组合在一起，成为一个包，以使用多张软盘携带。到达目的地时，只需运行第一张盘上的pngsetup.exe，就可以重新安装演示文稿。 师：引导学生上交上机实践作业，转入下一点		
（五）实践综合，上机作业	依上述各小点要求的实践操作及所学的保存、发布操作，检查上机实践，查缺补漏，将自己本节课所操作的结果，保存、发布打包后，上传到教师端，完成作业提交	5分钟	师：重申本节前面上机实践作业：主题自选（如"美丽校园""同桌的你"等），制作一个最少有三张幻灯片和背景的课件。具体要求： 1. 有课件题目、一些文字内容、一张图片、视频或音频、画两个简单的图形组合。 2. 每张幻灯片要求用动画引出来，且各幻灯片之间要切换。 3. 要求操作完成以上实践作业后，以自己的"班级座号姓名"将文件保存为PPT格式，再保存为网页格式或发布打包后，将文件夹上传到教师机，提交作业	在作业操作完成后，应注意保存、提交作业	

续 表

教学过程					
教学环节	教学内容	所用时间	教师活动	学生活动	设计意图
（六）课堂小结，灵活掌握	让学生回顾本节课内容，老师做课堂小结，希望学生能灵活运用插入菜单工具，掌握插入多媒体素材（文本、图形、图像、声音、电影片断）的方法并会设置、修饰	1分钟	师：同学们请回顾本节课内容及操作，熟练掌握多媒体创作过程"需求分析—规划设计—素材的采集与加工—作品集成—发布与评价"的最后两点，即作品的集成及发布打包，具体评价，我们下一节课将统一再作详细的欣赏、评价。你掌握PPT插入菜单中插入文本、图形、图像、声音、视频多媒体素材了吗？	学生按老师提示，对插入工具进行实践练习，互相讨论、互相评价，令学生们惊喜连连（鼓励学生在课外继续探究此菜单工具的奥秘）	通过学生对插入工具的自我学习，感受多媒体作品集成的构思、创作的妙用和乐趣
（七）优秀作品展示、鉴赏	选择部分优秀学生作品，在大屏幕上展示，让学生欣赏、品评	30秒	部分学生优秀作品展示，老师不做任何提示、评价，希望下一节课，学生能提出自己的见解，提升自己的作品构思能力、审美能力、鉴赏能力等	学生自行欣赏、可互相讨论	学生优秀作品回放，自主欣赏、品评
（八）思考探究，课外作业	布置课外自学作业，让学生进行课外探究、协作讨论	30秒	师：如何插入Flash影片(*.swf)？方法是？课外自主学习：上网搜索、看微课；问同学、问老师	课外阅读、网络搜索等	通过学生课外阅读，注重多媒体作品的整体构思，注重整体效果的调整，达到至美境界

续 表

		3.3.5&6　多媒体作品的集成与发布 ——利用PowerPoint进行多媒体作品的合成与发布 ①文本框、图形绘制及设置。 ②插入图片。 ③插入艺术字。 ④插入音频。 ⑤插入视频。 ⑥幻灯片放映、保存发布。 ⑦实战作业，小结分析。 ⑧思考探究，课外作业。
（九）板书展示		

（开始，结束）　（教师活动）　（学生活动）　（决策，判断）　（教学媒体）

课堂开始

PPT 展示学生以前的作品，回顾作品的创作过程

PPT 如何在3分钟内学会制作一个完整、简单的PPT

学生上机操作

PPT 讲演PPT中插入图形、修饰，文本框插入自学

展示回放学生作品，师生共同评价

PPT 展示插入图像、剪贴画、艺术字

学生上机实践

PPT 讲演插入声音及修饰，自学视频插入

学生上机实践

展示回放学生作品，各小组相互评价，教师点评

PPT 幻灯片放映、保存、发布

（课堂教学流程图／教学过程）

转下页

课堂教学流程图	教学过程	
教学反思		本节课以学生实践活动贯穿主体，设计了6次上机实战操作，1次思考或回答老师提问，3次小组自主学习、协作讨论，每次活动即时点评或学生互相评价学生作品。 老师以提示、点解、巡堂、答疑、评价为主导。本课设计了利用PowerPoint插入菜单工具来完成作品集成，将多媒体信息文本、图形、图像、声音、视频等插入PPT中，让自己的幻灯片成品图文并茂、声动俱全，形成精美的多媒体作品。通过上机实践让学生理解、掌握、对比各种媒体的异同及其妙用，进一步掌握多媒体作品的制作过程，充分调动学生的求知欲、兴趣性、积极性和创造力，让学生在愉快的氛围中学习、创作，进一步提升学生的审美能力和创新能力，让学生以"从做中学"来达到教学目标。 活动过程均将学生按计算机室排列，分为4个小组进行协作学习、探讨实践。 1.回顾实践，导入新课 通过展示学生以前的优秀作品，勾起学生的回忆、联想，再用3分钟制作一个完整的最简单的PPT后，导入新课，激发学生对构图的兴趣，引起学生想学习、了解多媒体插入的强烈愿望。 2.新课讲演，实战操作 在展示"兴宁一中简介"幻灯片放映后，提升学生爱校之情感，增强其创作欲望。提供文本、图像、声音、视频、动画等素材，讲解、演示图形的插入、组织、叠放、修饰等，文本框插入和修饰由学生自己看课件或网络学习后完成，让学生在自主学习、协作学习中学会操作。讨论并制作，增强了学生的协作学

教学反思	习能力。最后老师展示学生作品并点评，强调了操作要点、注意问题等，让学生完全释疑。 3.协作探究，开阔思路 （重点、难点）讲解、演示图像、声音等的插入、修饰、设置，以及旁白的录制等；剪贴画、图像、艺术字、电影片段的插入和修饰由学生自己看课件或网络学习后完成，让学生在自主学习、协作学习中学会操作。这样让学生完全在自主学习、协作讨论中完成，锻炼了学生的思维能力、创作能力。最后展示学生作品，让学生互相评价各小组作品，自我总结操作注意事项，这样既锻炼了学生的概括能力，又锻炼了学生的口才等表现能力。教师的巡堂并答疑，直接了解学生制作过程中的疑难问题，便于集中解决、统一指导。 在幻灯片放映、保存发布部分，教师讲解、演示操作，强调注意事项，特别是PPT插入了音频、视频、动画后，如果只是保存文件的话，当你的文件放到其他计算机不同路径下播放时，这些多媒体是播放不出来的，只有通过发布打包成CD数据包后，你的幻灯片才可以在任意计算机任何路径下照样执行播放。 4.实践综合，上机作业 依上述各小点要求的实践操作及所学的保存、发布操作，检查上机实践，查缺补漏，将自己本节课所操作的结果，保存、发布打包后，上传到教师端，完成作业提交。让学生充分感受自我发现、自我创作、工具妙用的乐趣，提升成就感。 5.课堂小结，灵活掌握 选择合适的软件进行多媒体作品的集成、发布；掌握插入多媒体信息的方法，按作品构思，切实美化多媒体作品，让自己的多媒体作品吸引人、大放光彩，提高自己的审美能力。 6.优秀作品，展示鉴赏 选择部分学生作品在大屏幕上展示，让学生欣赏、品评、对比，对比自己的不足，发现优点，达到改进作品的效果。 7.思考探究，课外作业 如何插入Flash影片？让学生在课外利用自主学习、阅读探究，充分了解动画插入的方法、注意事项等，理解作品整体性、完美性等的重要意义，提升学生的审美能力、创新能力